# 숨지 않아야 트이는 길

열아홉살 소녀의 아동학대 극복기

새인

## ·차례·

·프롤로그· 7

·1부 - 탈출기· 9
    일상 10
    부모님 17
    평화 20
    망가진 일상 23
    만남 27
    존재 30
    죽고 싶어 34
    사랑 40
    파블로프의 개 44
    안녕의 변화 57
    광대 61
    신뢰 63
    대물림 71
    죽어야만 해 74
    단 한 번의 믿음 80
    탈출 86

·2부 - 그 후의 이야기· 89
   진술 90
   진단 98
   재판 100
   자서전 102
   꿈 105
   반성문 107
   추억 113
   멍 114
   폭발 117
   입원 119
   닭장 122
   퇴원 124
   거절 126
   숨이 트이는 길 129
   예전의 나 131
   오색찬란 134
   결심 136

·에필로그· 139

· 프롤로그 ·

수년간, 나는 내가 가정폭력 피해자임을 알지 못하고 지내왔다. 엄마는 나에게 나를 사랑해서, 내가 잘못해서 나를 때리는 것이라고 말했기 때문이다. 이러한 가해자들의 가스라이팅은 가족이라는 이름 아래에서 교묘하게 이루어진다. 그렇게 이 폭력은 밖으로 나오지 못하고 숨겨져 아무도 알지 못한 채 피해자들은 고통 속에 살아간다.

나는 이 책을 통해 가정폭력의 실체를 알리려 한다. 그리고 그 후에 피해자가 어떻게 살아가는지도 알리고자 한다. 이 책을 읽는 당신이 주인공의 이야기를 지켜봐 주고, 분노한 뒤에 현실의 이야기에도 관심 가져준다면 나는 그걸로 족하다.

이 이야기를 통해 가혹한 현실 속에서 한 명이라도 더 빠져나올 수 있다고 믿고 나는 이 책을 쓴다. 나를 위해, 모두를 위해.

1부

탈출기

# 일상

어릴 적엔 매일 밤 하나님께 기도했었다. 이 집을 벗어나게 해달라고. 제발 엄마가 집을 나가게 해달라고. 언제나 이루어지지 않았던 이 기도는 나를 절망하게 했고 나는 신을 미워하기 시작했다.

내가 13살이 될 무렵의 한겨울 밤. 엄마가 나를 깨웠다. 오늘도 여전히 무서운 표정으로, 친절한 기색이란 전혀 내비치지 않는 우리 엄마는 한 손에 엄마의 전공 책을 들고 있었다. 방금 막 잠에서 깨어난 나는 비몽사몽 엄마를 올려다봤다. 엄마는 들고 있던 책을 나에게 보여줬다. 책 모서리 부분이 찌그러진 모양, 도톰한 책 표지가 움푹 길게 파여 스크래치가 난 모양.

"네가 했지? 더 있으면 가져와. 솔직하게 말하면 그냥 넘어가 줄게."

우리 엄마가 나를 때리는 이유는 명확하다. 내가 잘못했기 때문에. 종종 내가 잘못해서 맞는 경우도 있었지만, 집 안의 스크래치 사건은 내 잘못이 아니다. 하지만 나는 내 잘못이라고 말할 수밖에 없었다. 내가 하지 않았다고 하면 엄마는 거짓말을 한다며 나를 더 때렸다. 그래서 나는 머리를 빠르게 굴리기 시작했다. '맞지 않을 수 있다고? 그래, 오늘만큼은 맞지 않을 수 있어.' 눈앞의 공포에 몸은 덜덜 떨렸지만 나는 그 실낱같은 희망에 책장에서 아무 책이나 뽑아 들기 시작했다. 마치 내가 한 것처럼. 생활하다 보면 당연히 생길 수 있는 그 스크래치를 내가 고의로 낸 것처럼 나 자신조차 속이며 책을 몇 권 뽑아 들곤 확인한 후 엄마에게 가서 건넸다. 건네곤 슬쩍 엄마의 표정을 살폈다. 엄마의 표정이 점점 어두워진다. 나는 불안해하며 별의별 생각을 다 했다.

'도망칠까? 방에 들어가서 문을 잠글까? 엄마 방에 있는 북채를 갖다 버릴 걸 그랬나?' 등등…

그 사이 엄마의 표정이 더욱 어두워지고 손이 결국 올라갔다. 그리고 내 뺨을 내리쳤다. 눈물이 뚝뚝 떨어졌다. 억울하기도 했지만 앞으로 벌어질 일이 더 무서웠다.

"뭘 잘했다고 울어?"

엄마가 내게 말했다. 냉랭한 그 말이 내 가슴에 박혔다. 엄마 말은 항상 그랬다. 뺨보다 그 말이 더 아팠다. 그 후 내가 제일 두려워하는 소리가 났다. 엄마 서랍장에서 북채를 꺼내는 소리. 북채로 맞으면 피멍이 시퍼렇게 든다. 그게 점점 보라색이 되고 나중엔 초록색, 노란색이 되며 사라진다. 이번에도 그걸 지켜봐야 한다는 생각에 꽤나 처참했다. 저 원망스러운 북채는 내 몸을 계속 때리기 시작했다. 내 머리를, 팔을 때리다가 엄마는 소파 앞에 날 무릎 꿇리더니 내 앞 허벅지를 때리기 시작했다. 아파서 손으로 막으면 내 머리를, 팔을, 등을 다시 때렸다. 마구잡이로. 방학이니까 다른 사람 시선은 이제 신경 쓸 필요도 없다는 듯이. 잘못했다고 엉엉 울어도 아무 소용없었다. 아, 나는 뭘 잘못했었지. 내가 뭘 잘못해서 나는 죄송하다고, 잘못했다고 이렇게 빌고 있지? 그런 생각은 아무런 소용이 없었다. 나조차 속이고, 내가 했다고 나에게 최면을 걸듯 생각하고 빌 뿐이었다. 아파. 많이 아파. 허벅지도 아프고 온몸이 아프지만 내 마음 안쪽이 제일 아파. 그렇게 생각하며 나는 계속 울면서 엄마에게 빌었다. 엄마는 쉴 새 없이 나를 때리며 욕을 내뱉었다.

"쌍년아. 그냥 나가 뒈져. 왜 사니?"

말이 마음속에 쿡쿡 박혔다. 맞으면서 숫자를 세고, 잘못했다고 빌고…. 그때 엄마가 갑자기 일어나더니 내 머리채를 잡곤 싱크대 앞으로 질질 끌고 갔다.

"이것도 네가 했지? 왜 했니? 아니, 이런 걸 물어봐 봤자 대답도 안 하겠지. 무슨 물건으로 했는지 가져와."

싱크대 안쪽에 난 스크래치였다. 여러 개로 균등하게 곡선으로 나 있었다. 나는 잠시 고민했다. 칼로 그랬다고 할까 생각했지만, 칼을 가져왔다가는 무슨 꼴을 당할지 몰랐다. 서랍에서 톱니가 작게 달린 랩을 꺼냈다. 랩이 길어서 싱크대에 들어가지 않았다. 절망스럽게도. 엄마에게 한참 맞고는 다시 골라왔다. 내가 꺼내 온 것은 가방 안의 작은 컴퍼스. 엄마는 그 컴퍼스를 건네받고는 그걸로 나를 위협하기 시작했다. 내 눈 근처에 계속 들이대며 언성을 높여 윽박질렀다.

"누가 이런 물건으로 이런 짓 하래! 내가 그렇게 가르쳤어? 그렇게 할 거면 그냥 나가 살아!"

"내가 안 했어요."라고 말하고 싶었지만, 오늘도 나는 말을 삼켰다. 엄마는 다시 내 머리채를 잡고 소파 앞으로 데려가더니 겨울 내복을 벗겼다. 그러곤 또 무릎을 꿇려 내 허벅지를 때리기 시작했다. 두꺼운 내복을 입었을 때와 맨살에 맞는 느낌은 천지 차이였다. 더욱더 처참했던 건, 맨 허벅지에 피멍이 들어가는 걸 내 눈으로 지켜보고 있어야 한다는 거였다. 엄마는 한참을 더 때렸다. 시계를 의식하지 않기로 했다. 몇 분, 몇 시간 동안 맞았다는 사실보다 엄마가 나를 그만큼 때렸다는 사실이 나를 더 괴롭게 하기에. 그래도 갈수록 견디기 어려운 건 사실이었다. 너무 아팠고 어지러웠다. 잘못했어요. 잘못했어요. 아무리 빌어도 끝나지 않는 이 벌은 나를 너무 비참하게 만들었다. 엄마가 일어나더니 안방에서 노란색 파일을 들고 왔다. 구겨진 모서리. 이것도 내가 했냐고 물어볼 것이라는 걸 예상했다.

"일어나."

엄마가 차갑게 말했다. 나는 힘겹게 몸을 일으켰고, 휘청거리기 시작했다. 눈앞이 어지럽고 중심을 잡을 수 없었다.

"엄마, 엄마. 잠시만요. 잠깐만요."

나는 다급하게 말했다. 엄마도 이상한 낌새를 눈치챘는지 비틀거리는 나를 때리지 않았다.

"너 세수하고 방에 들어가서 누워."

나는 순간 안도감을 느꼈다. 내 상태에 대한 걱정도 무엇도 아닌 이 상황이 끝났다는 안도감. 어지러운 시야를 갖고 화장실에서 빠르게 세수했다. 문 앞에서 엄마가 북채를 들고 재촉했기 때문에. 나는 옷도 입지 못한 채 방에 빠른 걸음으로 들어가 맨바닥에 쓰러지듯 누웠다. 생각할 틈도 없이 어지러운 머리를 껴안고 멍하니 누워 눈을 감았다.

선잠이 들었다. 몸이 너무 아파서 깊은 잠을 잘 수 없었고 엄마의 소리를 경계하고 있었다. 작은 소리에도 계속 깨게 되었다. 그 와중에 누군가 방으로 들어왔다. 실눈을 뜨고 확인해보았더니 아빠였다. 새우처럼 웅크려 자던 나에게 이불을 덮어줬다. 따뜻했다. 이불만큼은 따뜻했다. 하지만 내가 쓰러질 때까지 맞던 동안 한 번도 말리지 않던 아빠는 차갑게 느껴졌다. 그런 생각들을 하며 다시 잠이 들었다. '아, 몸도 마음도 아프구나.'

다음 날 아침, 오른쪽 어깨 아래 팔뚝의 빨간 점들을 발견했다. '이거, 피구나. 아, 컴퍼스. 그걸로 찔렀구나.' 나는 허벅지가 너무 아파서 찌른 줄도 모르고 있었구나. 우리 엄마는 이렇게나 잔인한 사람이구나. '나는 엄마에게 딸이긴 할까?' 그런 생각들을 했다. 피멍 한 번 보고, 빨간 점 한 번 보고. 다시 한번 반복. 입술을 깨물고 조용히 울었다. 어제의 울음보다 더 아픈 울음이었다.

오늘의 밥은 쌀밥에 식용유를 부은 밥. 방에서 혼자 먹는 밥. 우리 엄마는 혼나고 나면 밥을 항상 이렇게 준다. 이유는 살이 쪄야 해서. '그래서 기름을 넣는 걸까?' 맛없다. 이거라도 먹지 않으면 배가 고프니까 먹는다. 바깥의 부엌에선 맛있는 미역국 냄새가 난다. 나는 이 방 바깥으로 나갈 수 있는 경우가 한정되어 있다. 화장실 갈 때, 설거지할 때. 그 외엔 방에서 성경을 써야 한다. 길고 긴 성경을 계속 쓰고 또 쓴다. 글씨도 예쁘게, 줄도 맞춰서. 쓰다 보면 엄마의 화가 풀리는 날이 온다. 그때까지 열심히 써야 한다. 그렇게 일상이

흐른다. 나의 방학은 지옥이다. 왜 다들 방학을 그렇게 좋아하는지 잘 모르겠다. 나는 학교 가는 날이 그렇게나 행복한데. 집에 들어오기 너무나도 싫은데. 이 일상을 오늘도 견딘다. 식용유가 칠해진 밥을 입에 꾸역꾸역 넣으면서.

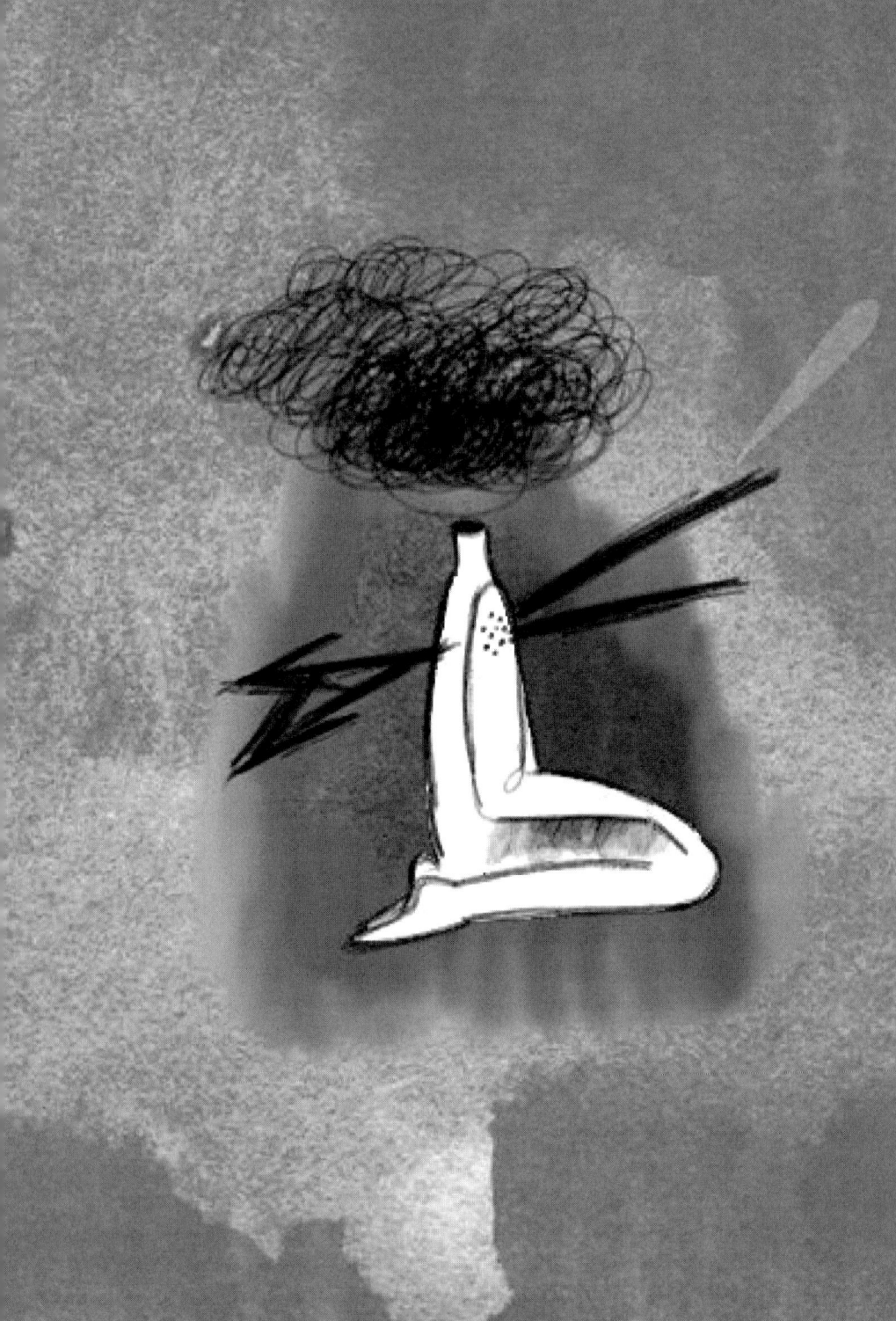

# 부모님

아빠는 목사셨다. 작은 교회에서 설교했던 아빠의 영향을 받아 우리 가족은 모두 기독교 신자였다. 교회에 한 가족이 나가서 매주 예배를 드리니 사람들은 입이 마르도록 칭찬했다.

"혜인아, 너희 아빠 참 좋은 목사시다. 너희 가족 참 화목해 보여서 좋아."

나는 우리 가족이 화목해 보인다는 말이 참 웃겼다. 내 옷 속에 숨겨져 있는 피멍을 보지 못하면서 우리에게 화목해 보인다는 말은 잔인하게 느껴지기도 했다.

아빠는 항상 설교 시간에 사랑과 자비, 평화를 이야기했다. 그런 우리 아빠의 설교를 듣고 많은 사람이 감탄했다. 나는 속으로 생각했다.

'집에서 엄마가 우리를 때릴 때는 말리지 않으면서 평화와 사랑을 말하면 무슨 소용이지? 하나님의 뜻이 방관은 아닐 것 같은데. 사람을 돕고 사랑하는 것 아닌가?'

아빠는 그렇게 설교하고 온 날에도 우리가 맞고 있을 때는 안방에 들어가서 누워있었다. 아빠는 그런 사람이었다.

우리 엄마는 소위 말하는 '좋은 엄마'였다. 유치원에 다니는 우리 삼 남매를 위해 항상 도시락을 싸 주고 유치원에서 봉사도 하는 등 '착한 엄마'나 '좋은 엄마' 타이틀을 달고 있었다. 유치원에서 엄마는 좋은 엄마로서 상을 받기도 했다. "혜인이는 멋있는 어머니 계셔서 좋겠네~"하고 말씀하시는 선생님들이 많았다. 그 시기에 나는 세탁기에 스크래치를 냈다는 누명이 씌워져서 세탁기 안에 갇혀있기도 했다. 선생님들께 엄마의 칭찬을 들으면 기분이 좋았지만 갈수록 씁쓸한 감정이 들었다. 우리 엄마는 바깥에서와 달리 참 잔인한 사람이었기 때문이다. 유치원에서 어린이대공원에 가는 날, 나는 엄마에게 대답하지 않았다는 이유로 어린이대공원에 가지 못하고 현관에 혼자 하루 종일 서 있어야 했다.

초등학생이 된 나는 내가 겪은 일들을 담임선생님께 말씀드렸다.

"선생님, 저희 엄마는요. 저희를 막 때려요. 저희 학교에서 사물놀이 하는 북채로 저희를 때리는데 그건 저희를 사랑해서 그러는 거래요. 저번에는 세탁기에 갇힌 적도 있었어요."

나는 아무렇지 않게 말했다. 그게 문제가 될 거라고 생각하지 못했기 때문이다. 그날, 집에 가보니 엄마가 화가 잔뜩 난 채로 나를 때렸다. 나는 놀라서 일단 죄송하다고 빌었다. 엄마는 집에서 있던 일들을 밖에 나가서 말했다는 이유로 노발대발하고 있던 것이었다.

"너 누가 밖에서 그런 얘기 하래. 그거 엄마 얼굴에 똥칠하는 거야. 왜 그런 얘기를 담임선생님한테 해! 쪽팔리게 담임선생님한테 전화 왔어! 어떻게 할 거야!"

 나는 사랑해서 하는 행동이니까 말해도 되지 않을까 하는 의문을 품었지만 이내 입을 다물었다. 엄마는 그 이후로도 우리 삼 남매를 자주 때렸다. 잘못하면 항상 북채를 꺼내 들었고, 북채를 꺼내는 소리는 내게 공포의 소리가 되었다.

# 평화

엄마가 떠났다. 아빠와 나, 내 동생인 진호를 두고. 아빠와는 합의가 된 모양이었다. 합의 아닌 합의. 엄마의 방식을 아는 우리는 대충 알 수 있었다. 엄마가 어떤 방식으로 떠났는지. 아빠는 짜장면 가게에서 쓸쓸한 얼굴로 우리에게 엄마는 오늘부터 오빠와 따로 살 거라고 이야기했다. 아빠는 꽤나 아파보이는 얼굴이었다. 하지만 유감스럽게도 나는 큰 안도감을 느꼈다. 안도감과 행복, 자유를 찾은 자의 해방감. 그 후 알 수 없는 쓸쓸함과 버려졌다는 두려움이 차례로 밀려왔다.

'나는 엄마에게 버려진 걸까? 진혁이 오빠는 행동을 잘했기 때문에 엄마에게 선택받은 걸까? 잘못하면 아빠에게도 버려지지 않을까?'

수많은 생각을 하며 눈물을 흘렸다. 악어의 눈물이라고 생각했던 내 눈물은 어느새 진심이 되어 있었다. 한참을 짜장면집에서 울다 집에 돌아왔다. 사실은 그날 아침 엄마가 떠난 걸 알고 있었다. 엄마가 짐을 옮기고 떠나는 소리를 방에서 듣고 있었다. 더 이상 못 견디겠다고, 저딴 새끼들이랑 같이 살다간 내가 미쳐버리겠다고 말하는 엄마의 말을 나는 다 들었다. 나는 버려졌다. 엄마가 내 방문을 열더니 생리대 한 팩을 휙 던지고 가버렸다. 엄마는 그렇게 떠났다. 가면서 나를 한 번 안아준 것도 아니고, 내 손을 한 번 잡아준 것도 아니고, 내 얼굴을 한 번 쳐다봐 준 것도 아니다. 그냥 그렇게 가버렸다. 나한테 일말의 애정조차 없었다는 듯이. 가슴이 아렸다. 시리도록 아렸다. 내 생일 일주일 전이었다. 엄마는 알긴 할까. 그렇게 엄마가 없는 생활이 시작됐다.

생일날 교회에 갔다. 생일 축하 기념으로 받아온 초콜릿 조각 케이크 하나를 들고 내 방에 들어왔다. 조금 울컥했지만 애써 참아내고 구석에 앉아서 케이크를 먹기 시작했다. 아무도 생일을 축하해주지 않았다. 그런 날이었다.

'나 고작 초등학교 6학년인데.'

하고 생각했지만, 현실이 그랬다. 진심으로 축하해주는 친구도, 가족도 없어서 외로웠다. 쓸쓸했고 내가 한심했다. 애정 어린 선물도, 편지도, 심지어는 곁에 사람조차 없었기에 나는 그냥 나를 비관하기 시작했다.

'왜 이렇게 태어났지? 왜 이렇게 못났지? 바보 같고 한심해. 멍청이. 왜 태어났어.'

그런 생각을 하며 우울한 13번째 생일을 보냈다.

그래도 엄마가 떠나고 나서 나름 행복한 일상을 보냈다. 맞지 않을 수 있었고, 매일 귀가 째지게 들려오던 욕이 사라져있었다. 더 이상 기름에 찌든 밥을 먹지 않아도 됐다. 이게 행복일까, 생각했다. 집안일은 여자가 하는 거라며 온갖 일이 모두 내 담당이 되어 버렸지만, 이 정도야 할 수 있었다. 원래 친구들도 엄마랑 같이 밥도 하고 빨래도 하는 거 아닌가 싶었다. 그저 조금 더 내

비중이 늘어난 것뿐. 이렇게 내 몸에 시퍼런 멍이 사라지고, 우리 집에 평화가 찾아왔다. 죽고 싶다는 생각은 자주 했지만 그래도 이 정도면 평화라고 나는 생각했다.

# 망가진 일상

아빠에게서 전학을 가야 한다는 통보를 받았다. 4학년 때 전학 와서 2년 반 동안 함께한 친구들이었다. 오랜 시간 함께해서 정이 들었는지 학교를 떠나기 싫었지만 떠나고 말고 하는 데에 나의 의견은 없었다. 전학을 간 후의 나는 더 이상 학교를 나갈 의미가 없었다. 친구들과도 너무 어색했고 숫기 없는, 다가갈 용기 없는 조용한 아이일 뿐이었다. 익숙한 환경이 사라지자 점점 등교하는 시각이 늦어졌다. 담임선생님께 전화가 왔다. 학교에 몇 시에 올 거냐고. 나는 곧 가겠다고 대답했다. 그러곤 한참을 울었다. 밖으로 나갈 용기가 없어서, 옷을 갈아입을 힘이 없어서, 지각한 나를 바라보는 친구들의 시선을 마주할 용기도 없어서, 이 시간에 등교하는 나를 이상하게 바라볼 사람들이 무서워서. 이런저런 핑계를 대며 한참을 울다가 겨우 옷을 갈아입고 집을 나섰다. 문 앞에서 문고리에 손을 대고 몇 분을 망설였는지 모르겠다.

왜 이제 왔냐며 보고 싶었다고 친구들이 반겼다. 다 가식 같았다. 그냥 하는 말. 내가 전학생이니까 그냥 예의상으로 하는 말 같았다. 겨우 힘을 내 웃으며 늦잠 잤다고 대답했다. 이런 일은 더 잦아졌다. 방에서 한참을 울거나 멍 때리는 경우도 자주 생겼다. 가만히 누워 천장을 바라보며 내가 왜 이렇게 태어났는지에 대해 자주 생각했다. 뭐가 문제인지 근본적인 원인을 찾아보려고 애를 썼다. 찾을 수 없었다.

 비가 오는 날이었다. 학교가 끝나고 하나둘씩 우산을 펴고 집으로 가거나 부모님이 교문까지 데리러 오시는 경우가 많았다. 나는 잠깐 멍하니 학교 건물 아래서 생각하다가 걸어서 20분 걸리는 우리 집까지 뛰어가기로 했다. 나는 세게 바닥을 박차고 뛰기 시작했다. 한참을 뛰다가 사람이 없는 긴 인도에서 미친 듯이 웃었다. 계속, 미친 듯이 서서 웃었다. 그러곤 가만히 서서 한숨을 내쉬고 집까지 터덜터덜 걷기 시작했다. 그렇게 비를 맞으며 집까지 걸어갔다. 동생도 비를 맞고 온 모양이었다. 이런 비참함이, 이런 외로움이 일상이 돼가고 있음을 실감하니 착잡했다. 착잡했지만 받아들이기로 했다. 사실 이런 일은 엄마가 떠나서 일어난 일이 아닌 엄마가 있었을 적에도 으레 있던 일이라는 걸 기억하기로 했다. 곁에 있어도 외롭고 힘들다고 느껴지는 사람이 우리 엄마였으니까.

 포기하지 않기로 마음먹었다. 학교도 열심히 다니고 친구들과도 친하게 지내보기로 했다. 기껏 엄마에게서 벗어난 일상, 소중하게 생각해보기로 했다. 그래서 애썼다. 예전처럼, 학교도 지각하지 않고 친구들과 사이좋게 지내봤다. 나름 괜찮은 생활이었다. 좋은 친구들이 많았고 나를 생각해주는 친구들이 있었다.

 하지만 그 무렵, 아빠가 부동산 사기를 당했다는 얘기를 들었다. 이사 가야 한다는 말이었다. 이사를, 가는구나.

 '…이게 다 무슨 소용이지? 어차피 사람은 다 헤어지고 상대방이 떠나든 내가 떠나든 결국엔 이별하게 되어 있구나. 그렇다면 마음을 주고 진심으로 친

해지는 것이 어떤 의미가 있지?'

 나는 더 이상 관계에서 의미를 느끼지 못했다. 친구들과의 이 관계도, 선생님과의 관계도, 알 수 없었던 동생과의 관계도, 떠나버린 엄마와의 관계도 다 의미 없어져 버린 것만 같아서 허무해졌다. 엄마도 떠났다. 친구들도 나에게서 떠난다. 선생님도 나를 돕지 못하고 떠나버린다. 나에겐 그 누구도 없다. 관계가 존재하지 않는데 그 의미가 존재할 수 있을까.

 나는 더 이상 신뢰하지 않기로 했다. 사랑하지도 않기로 했다. 어차피 겪을 이별 앞에서 사람에게 마음을 주지 않기로 했다. 그렇게 내게 기회조차 주지 않은 채 세상 뒤로 숨어 버렸다. 나는 알고 있었다. 한번 깨져버린 신뢰는 쉽게 돌아오지 않는다는 걸. 엄마가 나를 믿어줬다가도 내가 한순간 범인이 되어 버린 것처럼, 그게 돌이킬 수 없었던 것처럼. 신뢰는 돌아오지 않는다. 내 세상을 향한 깨져버린 신뢰도 그럴 것이다.

 친구들에게 작별 인사를 했다. 세 번째 학교에 있던 기간은 고작 3개월 남짓. 눈물이 나지 않았다. 감정이 바짝 메마른 느낌이었다. 내가 어떤 감정으로 무슨 행동을 하는지 알 수 없었다. 애써 눈물을 참는 건지, 정말로 다 포기한 건지 헷갈렸다.

 '그래. 이제 무언가를 더 믿어서 뭐 해.'

 나는 학교에서 등을 돌렸다. 아빠 차에 몸을 싣고 차 창문에 머리를 기대 집을 떠나는 그 시간 동안 나는 망가졌다. 허무하고, 무의미하다고 느껴지는 이전의 시간이 나를 괴롭혔다. 눈을 감았다. 그 순간부터였다. 내 머릿속에서 알 수 없는 생각이 나에게 비난을 퍼붓기 시작한 것은. 아니, 그 순간부터 이 생각들을 나는 자각했다.

'혜인아, 왜 그러고 살아? 너 바보야? 병신이야? 멍청이. 그냥 엄마 말마따나 나가 뒤져.'
'사람을 신뢰하지 마. 너를 다 배신할 거야. 어차피 다 떠날 텐데 가까이해서 뭐 할 거야?'
'힘들다. 힘들지 않니? 그냥 그만두고 싶다. 다 관둬. 노력해봤자 네가 성공할 일은 없어. 혜인아, 그만하자 전부 다.'
'아, 그래. 내 머릿속엔 언젠가부터 수많은 생각들이 존재했지. 어떤 생각이… 진짜더라. 나는 뭐지. 너는 뭐야? 혜인아, 넌 뭐야?'

눈을 질끈 감고 수많은 생각 더미 속에서 나는 잠 들려고 애썼다.

'무력하다. 무력해도 너무 무력해. 아무것도 내 힘으로 되는 게 없어. 엄마가 떠난 일도 그저 우연이고, 나는 그냥 부모님이 하라는 대로 끌려가는 것밖에 할 수 없는 어린아이일 뿐이야. 때리면 맞아야 하고, 떠나면 쫓아가야 하고, 시키면 해야 해. 나는 언제쯤 성인이 될까. 언제쯤 자유로워질까.'
'괜찮아. 혜인아, 괜찮아. 괜찮을 거야. 아마도. 정말로. 괜찮아질 날이 오겠지. 그러니까 일단 자자. 응? 자자.'

나는 머리를 뒤로 젖히고 잠자리에 들었다. 눈을 떴을 땐 새로운 집이 보였다. 하지만 이젠 기대하지 않았다. 나는 조금만 있으면 전학 갈 사람이니까 정 주지 말자는 다짐을 하며 차에서 내렸다.

# 만남

새로운 학교다. 네 번째 학교. 속으로 나는 계속 내가 곧 떠날 사람이란 걸 되뇌며 밝은 얼굴로 인사했다. 작은 시골 학교. 내가 있는 6학년 반은 열 명이 채 되지 않았다. 2학기가 시작될 때 왔으니 곧 졸업하게 된다면 조만간 다시 이별이라는 생각에 가까워지지 말자고 다짐했다. 그때 내 옆자리 친구가 말을 걸었다.

"나 종이 한 장만 빌려주라!"
"앗, 어어."

나는 당황해서 순간 말을 더듬었다. 옆자리 친구에게 종이 한 장을 건네주곤 이름을 물었다.

"혹시 이름이 뭐야?"
"나 슬아야. 유슬아."

옆자리 친구는 웃으면서 말했다. 그리곤 내가 그림을 그리는 연습장을 보더니 내게 그림을 잘 그린다며 칭찬하기 시작했다. 당혹스러웠다. 동시에 당혹스러워하는 내가 한심했다. 신뢰하지 않으리라 다짐해놓고, 사랑하지 않으리라 결심해놓고 이렇게 작은 호의 하나에 내가 행복할 수 있다는 것이 당혹스러웠다. 또한 이렇게 쉽게 흔들리는 내가 한심했다. 이별에 이별을 겪어봤으면서. 나를 수없이 떠나고 떠나는 사람들을 지켜봤으면서. 그래, 나는 언제까지나 혼자이지 않을까. 이런 생각이 우습게도 슬아는 자꾸만 내 생각 회로를 끊었다.

"와 너 언제부터 그림 그렸어?"
"원래는 어디에서 살다가 온 거야?"
"너도 이 게임 캐릭터 좋아해? 나돈데!"

결국 순식간에 공감대까지 만들어버린 슬아에게 나는 져버렸다. 형식적인 인사라고 생각했지만, 그것마저 반가웠다. 어쩔 수 없었다. 나는 사랑받고 싶었다. 그 작은 호의마저도, 그 작은 불씨마저도 내겐 참 따뜻하게 느껴졌다. 사실 나는 엄마의 사랑이, 아빠의 사랑이 필요하다는 걸 잘 알고 있었다. 누구보다 잘 알고 있었다. 하지만 엄마에게 사랑한다는 말을 들을 수는 없었다.

'나 여기서 못 살아. 저딴 새끼들이랑 살다간 미쳐버릴 것 같아! 저 미친년은 여기저기 스크래치 내고 다니고 한 놈은 도벽에! 나 그냥 진혁이만 데리고 나갈 거야. 그렇게 알아.'

그런 엄마의 말이 생각난 건 왜일까. "엄마, 그거 나 아니에요."하고 말해주고 싶었지만, 바보같이 참았던 내가 떠오른 건 왜일까. 슬아의 호의에 떠오른 거겠지. 나는 무슨 짓을 해도 엄마의 사랑을 받을 수 없다는 것을. 하지만 누구보다 그걸 바라고 있다는 것을. 그랬다. 나는 항상 그랬다. 가질 수 없는 것만을 바라왔다. 이 친구조차도 가질 수 없다. 기억해야 한다. 나는 혼자다. 나를 그렇게 세뇌했다.

 학교가 끝났다. 학교 앞 편의점으로 우르르 몰려가는 친구들을 뒤로하고 나는 집으로 향하려 발걸음을 돌렸다. 그때 슬아가 날 불러 세웠다.

"혜인아, 나랑 편의점 들렀다 가자!"

 나는 흔들렸다. 저 아이의 호의에 계속 빠졌다가는 전에 겪었던 이별만큼 아픈 이별을 다시 겪을 것만 같아서 더 이상 함께하기 싫었다. 하지만 나는 저 따뜻함이 필요했다. 그래서 나는 그 손을 잡기로 했다. 이번만큼은 함께할 수 있지 않을까, 하는 기대를 품으면서.

"그래, 가자."

# 존재

나는 슬아와 점점 가까워졌다. 학교생활이 이렇게 행복할 수가 없었다. 다른 친구들과도 슬아를 통해 점점 친해져 완전히 녹아들었다. 남자애들과 장난을 치다가 복도에서 추격전을 벌이는 일도 참 많았다. 그런 일상이 내게 활력이 되었고 너무도 즐거웠다. 집에서는 우울했고, 밥을 못 먹는 일도 잦아졌지만 괜찮았다. 학교가 재밌으니까. 학교에 가면 모든 걸 잊을 수 있으니까. 슬아와 노래를 부르며 운동장을 뛰어다니기도 했다. 작은 학교라서 승마를 배우기도 했고 가끔 손이 아픈 가야금 방과 후 수업은 땡땡이도 치면서 즐거운 나날들을 보냈다.

그렇게 학교생활을 즐겁게 하던 어느 날이었다. 우리 반 지민이가 하교하려고 하던 중 나를 책으로 때리려고 했다. 나는 당황해서 순간 멈춰 있다가 지민이에게 여러 차례 왜 그랬냐고 따졌지만, 대답을 들을 수 없었다. 다음 날, 그 다음 날, 다음 주가 되어갈수록 지민이의 괴롭힘은 심해져 갔다. 나를 째려보거나 내 필통을 쓰레기통에 버리거나, 컴퓨터실에서 과제를 하던 중 내 컴퓨터의 모니터 선을 뽑아두거나 하는 등 괴롭힘의 강도가 올라가자 나는 더 이상 견딜 수 없었다. 그래서 지민이를 붙잡고 물어봤다.

"지민아, 내 필통 쓰레기통에 버린 거 너니? 모니터 선 뽑아둔 것도 너야? 나한테 도대체 왜 그래? 내가 뭐 잘못했어?"

지민이는 대답했다.

"네가 슬아랑 나를 멀어지게 했잖아. 원래는 슬아랑 나랑 친하게 지냈다고. 네가 오면서부터 다 문제였어. 넌 존재 자체가 죄야. 알아?"

지민이는 그렇게 말하곤 쌩하니 가버렸다. 내 머릿속엔 내 존재 자체가 죄라는 말밖에 남지 않았다. 그 말만이 내 머리에서 빙빙 돌며 나를 괴롭히기 시작했다.

'존재 자체가 죄…? 존재 자체가 죄. 그래, 왜 태어났어 혜인아? 왜? 넌 엄마도 괴롭게 하고 모두를 괴롭게 하잖아.'
'그래. 난 존재 자체가 죄였지. 엄마도 나한테 나가 죽으라고 몇 번을 얘기했는데. 진작 그랬어야 했는데'
'죽어! 죽어! 죽어! 쓸모없는 년! 나가 뒤져!'
'혜인아…사랑한다는 말이 듣고 싶니? 기대하지 마. 생각하지도 마. 넌 존재 자체가 죄니까. 넌 사랑한다는 말을 들을 자격이 없어. 널 사랑할 사람은 없어'

생각들이 다시 날 괴롭혔다. 생각인지 누군가가 건네는 말인지 알 수 없는 것들이 내 마음을 찔렀다. 앞에서 나 대신 화내주는 슬아의 말이 다 의미 없게 느껴졌다. 화도 났다. 화도 났지만 정말로 내 존재 자체가 다 죄인 것만 같아서, 나만 없었으면 다 평화로웠을 것 같아서 미안했다.

"그러게. 진짜 어이없다. 친하게 지내고 싶었으면 같이 와서 얘기하면 되는데 그치?"

나는 그냥 그렇게 이야기했다. 슬아에게 미안하다는 말을 하지 못했다. 미안하다고 말해버리면 슬아에게조차 내 존재가 죄라는 걸 인정해버리는 것만 같아서.

"슬아야, 우리도 이제 가자. 너도 집 갈 때 되지 않았어? 나는 바로 옆이니까 이만 가볼게. 내일 보자."

나는 최대한 빨리 그 자리를 떠나 멍하니 집으로 걸어가며 생각했다. 내가 왜 태어났는지, 내가 무슨 잘못을 해서 이런 인생을 사는 건지.

'그냥 존재 자체가 죄라니까! 죽어 그냥!'

자꾸 생각들이 머리에 떠다녔다. 힘들었다. 소리가 멈추질 않고 내 머릿속에 들려왔다.

'내 존재 이유가 뭘까. 나는 뭘까. 나는 누구일까. 넌 뭐야? 넌 누구야? 이렇게 살아서 의미가 있는 걸까. 내가 죽으면 다 끝나지 않을까. 모두가 평화롭고 행복하게 살아갈 수 있지 않을까. 내가 원래부터 없었던 사람처럼 깨끗하게 지워졌으면 좋겠다.'

사실 별 의미 없는 말이란 건 알고 있었다. 지민이가 생각 없이 내뱉은 말이란 것도 알고 있었다. 나를 상처 주기 위해 아무렇게나 한 말이라고 계속 생각해봤다.

'정말 그렇게 생각해? 너도 알고 있잖아. 너는 존재 자체가 죄인 게 맞아.'

 집에 도착한 나는 더 이상 무언가를 할 기력이 없었다. 가만히 바닥에 누워서 눈물만 흘렸다. 멍하니, 또 멍하니.

 슬아와는 지민이와의 일이 있었던 이후로 더 가까워졌다. 하지만 내 머릿속의 생각은 지울 수 없었다. 내 존재 자체가 죄라는 생각. 내가 전학만 오지 않았더라면, 내가 태어나지 않았더라면, 내가 존재하지 않았더라면 하는 생각들. 그리고 점점 실제로 바라게 되었다. 내가 존재하지 않기를, 내가 죽기를 바라게 되었다.

 '…죽을까.'

# 죽고 싶어

평소와 똑같은 나날일 줄 알았다. 친구들과도 평소처럼 지내고, 아빠랑 동생이랑 셋에서 그렇게 지낼 줄 알았다. 그런데 어느 날 아빠가 이해할 수 없는 말을 꺼냈다.

"이사요? 엄마네로요?"

당황스러웠다. 혼란스러운 마음을 억누르고 방으로 들어갔다. 혼란스러움과 동시에 공포가 밀려왔다. 엄마가 나를 때렸던 과거들이 생각났다.

'지금 중학교에 같이 올라가기로 한 친구들과 헤어지는 건가?'
'그런데 엄마가 너를 사랑할 거라고 생각해? 엄마는 너를 미친년이라고 생각해. 엄마는 너를 때릴 거야.'
'엄마는 너를 사랑해서 때리는 거야. 네가 잘못했으니까 너를 때리는 거지. 안 그러면 때리지도 않는다고 했잖아?'
'근데 내가 잘못한 게 뭔데?'
'엄마가 나를 또 때리면 어떡해? 엄마가 나를 또 때리면 어떡해? 엄마가 나를 또 때리면 어떡해? 엄마가 나를 또 때리면-'

생각이 뚝 끊기더니 눈물 한 방울이 흘렀다. 순간적으로 맞지 않으려면 무엇을 해야 하는지 생각한 내가 처량해졌다. 그래도 생각해야 했다. 엄마와 너무도 살기 싫었지만 나는 이 결정에 말 한마디 할 수도, 거역할 수도 없었다. 나는 오갈 곳 없는 이제 막 14살이 된 어린아이였기 때문에.

슬아와 헤어졌다. 다른 친구들과도 헤어지게 되었다. 결국 그 즐겁고 평화로운 일상이 깨진 나는 다시 엄마와 긴장감 속에서 함께 살아가게 되었다. 새로운 집으로 들어오게 된 나는 밥도 제대로 먹지 못했다. 그야말로 눈칫밥이었다. 바로 앞의 반찬도 집을 용기가 나지 않아 맨밥만 꾸역꾸역 먹다가 "잘 먹었습니다."하곤 들어가 버리는 일이 다반사였다. 엄마는 그런 일로 내게 눈치를 줬다.

"내가 밥을 못 먹게 했어. 뭐를 했어. 저게 시위하나 진짜."

나는 아무 말도 할 수 없었다. 나를 싫어해서 집을 나간 엄마 앞에서 내가 맛있게 밥을 먹을 수 있겠냐고 말하고 싶었지만 그럴 용기는 없었다. 나는 방으로 들어가서 슬아에게 메시지를 보냈다.

[3층에서 떨어진다고 죽지는 않겠지? 죽었으면 좋겠는데.]

누워서 창문 밖을 바라봤다. 어림없는 높이였다. 눈을 감고 생각했다.

'내가 죽으면 엄마가 조금은 알아주지 않을까, 내가 하지 않았다는 것도, 내가 이만큼 힘들었다는 것도, 내가 사랑받고 싶었다는 것도.'
'그럴 리가.'

엄마는 알아줄 리 없었다. 나는 알고 있었다. 엄마는 내가 죽으면 오히려 콧방귀를 뀌면서 죽고 싶은 건 본인이라고 말할 사람이란 걸 나는 알고 있었다. 알고 있음에도 나는 죽고 싶었다. 점점 그 마음은 커져만 갔다.

초등학교 2학년 때가 생각났다. 내가 처음으로 죽고 싶다고 생각한 때였다. 첫 번째로 다니던 전교생이 13명이었던 정말 작은 시골 학교 컴퓨터실이었다. 나는 그 작은 학교 2층에서 창문 아래를 내려다보며 뛰어내릴까 고민했던 적이 있었다. 그게 내가 처음으로 죽음을 생각했던 일이었다. 까마득한 어린 시절부터 엄마에게 맞던 나는 어느 순간부터 죽음을 생각하고 있었다.

'아, 나는 맞다가 죽을 수도 있겠구나.'
'죽고 싶어. 이렇게 살고 싶지 않아.'

2학년 때의 일이었다. 사고의 전환은 점점 빠르게 일어났다. 그렇지만 나는 그때 뛰어내리지 않았다. 그래도 엄마가 나를 사랑해주리라 하는 믿음이 있었기에.

지금 엄마의 차가운 모습은 내게 창이 되어 가슴에 구멍을 내는 듯했다. 공허했다. 멍하니 천장을 바라보며 대책을 생각했다. 나는 뛰어내릴 용기는 없다. 그리고 사실은 엄마와 잘 지내고 싶었다. 나는 엄마에게 사랑받고 싶었다. 노력해볼까, 싶었다. 사랑받기 위해서는 응당 노력해야 하는 법이라고 생각했다. 내 태도로는 엄마가 나를 사랑하지 않는 게 당연할지도 모른다고 생각했다. 사랑받을 수 있는 사람이 되기로 했다. 앞으로는 당당하고, 눈치는 보되 눈치 보는 티 내지 않고, 살갑게 말 걸고 인사하고, 잘 웃는, 엄마가 원하는 그런 사람이 되어 볼까 했다. 쉽지는 않겠지만 나는 본래 그런 사람이었다. 엄마랑 같이 살 때는 그렇게 연기하고 지냈다는 걸 떠올렸다. 하다 보면 그렇게까지 힘든 일은 아닐 것으로 생각했다.

다음 날부터 나는 엄마에게 사랑받기 위해 엄마가 원하는 가면을 만들어 쓰기 시작했다. 엄마가 화가 나 있을 때는 조용한 가면, 기쁠 때는 함께 기뻐하는 가면을 썼다. 사실은 힘이 없었다. 엄마에게 공감하고 싶지 않았다. 엄마가 기뻐할 때 사실 나는 기쁘지 않았다. 그런데도 나는 기뻐해야 했고 같이 웃어야만 했다. 사랑받기 위해서. 공허하게 살고 싶지 않았기 때문에.

나의 이런 행동들은 꽤나 성공적이었다. 엄마는 진혁이 오빠에게 향해있던 편애를 나에게로 돌렸다. 사랑받을 만한 사람이 된 것으로 생각했다. 엄마의 호의가 달게 느껴졌다. 달콤한 그 느낌 뒤에 씁쓸함이 감돌았다. 갈수록 나는 힘들어졌다. 사랑받기 위해서가 아닌 맞지 않기 위해서 내가 가면을 썼다는 걸 깨닫기까지는 그리 오래 걸리지 않았다. 그런데도 엄마는 나를 때렸다. 예전보다는 빈도가 줄었지만, 엄마는 나를 때리는 걸 멈추지 않았다.

"고개 들어."

엄마는 내 뺨을 때렸다.

"고개 들어."

나는 고개를 들었다. 엄마는 다시 내 뺨을 때렸다. 내 얼굴이 밑으로 내려가고 나는 질린다는 표정을 지었다.

"고개 들어."

나는 표정을 정돈하고 고개를 들었다. 엄마는 다시 내 뺨을 때렸다. 나는 눈을 감고 잠시 생각했다.

'뭘 잘못했더라.'

"고개 들어."

나는 고개를 들었다. 엄마는 멈추지 않았다. 엄마는 나를 사랑하지 않는 듯했다.

엄마는 예전에 다니던 대학을 졸업하고 아동 언어치료사가 되었다. 엄마는 그래서 늘 이야기했다. 애들을 항상 가르치기 때문에 우리 눈만 봐도 무슨 생각 하는지 다 알 수 있다고. 나는 헛소리라고 생각했다. 내가 힘들어하고, 죽고 싶어 하는 감정은 하나도 알지 못하면서 무슨 말을 하는 건지 이해가 가지 않았다.

엄마는 이제 막 중학교 1학년이 된 내게 엄마의 회사 서류 작업을 맡겼다. 수업 자료를 만들거나 수업 계획서를 짜는 일이었다. 가끔 근무표를 만들기도 해야 했다. 다행히 컴퓨터에 능하고 손재주가 좋았던 나는 웬만한 일은 다 해낼 수 있었다. 하지만 실수라도 하는 날에는 엄마에게 맞게 되었다. 컴퓨터 앞에 앉아서 머리채를 잡히거나 옷걸이로 맞거나 손에 잡히는 물건으로 마구잡이로 맞았다. 나는 그럴 때마다 슬아에게 메시지를 보냈다. 죽고 싶다고, 오늘도 맞았다고. 그리고 엄마가 이해가 가지 않는다며 토로하곤 했다. 슬아는 항상 같이 화내주었다. 그리고 위로해주었다. 항상 내 옆에 있겠다고. 그러니까 죽지 말라고 했다. 그런 슬아는 내 도피처였다. 하지만 나는 슬아와 만나고 싶었지만 만날 수 없었다. 외박은 민폐라며 엄마가 절대로 하지 못 하게 했기 때문에 다른 지역에 있는 슬아와는 만나기 어려웠다. 그래서 항상 휴대폰이 너무 소중했고, 연락 수단이 너무 소중했다. 학교가 없는 방학을 그렇게 보내다 보니 어느새 개학이 다가왔다. 슬아가 없는 학교가 무슨 의미가 있을까 싶었다. 또 다른 이별이 있을 만남이 무슨 의미가 있을까 싶었다.

# 사랑

 엄마는 학교생활도 잘하고 성적도 중상위권쯤에 있는 나를 나쁘지 않게 생각하는 듯했다. 무엇보다 엄마의 일을 야무지게 잘 도와준다는 이유로 항상 나는 컴퓨터 앞에 앉아 있어야 했다. 나는 그게 기뻤지만, 항상 힘에 부쳤다. 여름방학에는 하루종일 엄마의 일을 도와야 했다. 엄마가 나가 있을 때는 집 청소를 하고 엄마가 돌아올 때를 맞춰 밥을 차려 두는 것이 일상이었다. 주말에도 마찬가지였다. 엄마보다 일찍 일어나서 밥을 차리고, 엄마가 일어날 즈음 "엄마! 식사하세요!"하고 살갑게 엄마를 깨우는 것이 내게 주어진 일이었다.

 '밥을 차리는 건 엄마와 따로 살 때도 자주 하던 일이었으니까.'

 엄마와 같이 있는 시간에는 컴퓨터 앞에 앉아 있거나 수업 자료를 만드느라 가위질하고, 코팅하고 다시 오려내느라 책상에서 일어날 일이 없었다. 그리고 다시 식사 시간에는 밥을 해야 했다. 나는 당연히 딸이라면 이 모든 건 엄마를 도와야 하기에 해야 하는 것으로 생각했다. 엄마가 그렇게 말했으니까. 이런 내 생각이 전환되기까지는 얼마 걸리지 않았다.

 하굣길이었다. 어쩌다 요리에 관련된 얘기가 나온 나는 친구에게 물었다.

"너 계란프라이 할 줄 몰라? 진짜로??"
"응. 나 라면도 끓일 줄 모르는데? 엄마가 다 해줌."

친구가 당연하다는 눈빛으로 말했다.

"너 엄마한테 반말 써?"

나는 당황한 눈빛으로 물었다. 나는 '해주셔.'가 아닌 '해줌.'인 친구의 말에 꽤나 생소한 느낌을 받았다.

"응. 엄마랑 나랑 엄청 친구처럼 지내는데? 반말해도 딱히 신경 안 쓰셔. 존댓말도 쓰긴 하지만. 그리고 우리 아직 중학교 1학년인데 계란프라이 할 줄 몰라도 안 죽음."
"그렇긴 하지…"

나는 당황한 속을 달래며 애써 집으로 돌아왔다. 우리 집이 '보통의 가정'은 아니라는 걸 알고는 있었다. 하지만 이 정도는 당연한 건 줄로만 알고 있었다. 부모님께 존댓말을 쓰거나, 딸이 요리를 대신 하거나 하는 일들은 너무도 당연해서 내게는 일상이었다. 그래서 나는 더욱더 이해할 수 없었다.

'…이걸 엄마도 알고 있을까?'
'모를 리가 없잖아. 모를 리가 없지.'
'알고 있잖아. 엄마는 너를 사랑하지 않아.'
'아니야. 엄마는 너를 사랑해서 때리는 거고 엄마는 너를 사랑해서 전부 다 그런 행동들을 한 거야. 엄마도 그렇게 말했잖아.'

'엄마는 너를 사랑하지 않아.'
'엄마, 나를 사랑해요?'

입 밖으로 차마 꺼내지 못한 그 말. 꺼낼 수 없었다. '답이 듣기 두려워서. 답을 알고 있어서?' 내가 상상한 것보다 냉정한 답이 돌아올 것 같아서. 그게 두려워서 나는 말을 꺼내지 못했다. 궁금했다. 다른 친구들은 물어보지 않아도 사랑한다는 말을 부모님께 들을 수 있는 걸까 생각해봤다. 아마 그렇게 친구 같은 관계라면 자주 들을 수 있지 않을까 하는 생각에 나는 꽤 쓸쓸해졌다.

'차라리 다른 집 아이로 태어났더라면.'

그런 생각을 자주 했던 것 같다.

'다른 집 아이로 태어났더라면 맞지 않았을 텐데. 다른 집 아이로 태어났더라면 행복하게 살 수 있었을 텐데. 다른 집 아이로 태어났더라면 편안하게 긴장하지 않고 살 수 있었을 텐데. 다른 집 아이로 태어났더라면 이렇게 많이 전학 다니지 않아도 됐을 텐데. 다른 집 아이로 태어났더라면…'
'엄마가 나를 데려오지 않았더라면.'

나는 내가 입양아임을 떠올려냈다.
'엄마는 내 친엄마가 나를 어린 나이에 낳고 다른 사람과 결혼해서 행복하게 살고 있다고 했지. 진짜일까. 친엄마는 내가 미웠을까.'

우리 엄마는 내가 잘못할 때마다 나를 파양시켜버린다며 행동을 똑바로 하라고 협박하곤 했다. 그럴 때마다 나는 혼자가 되면 안 된다는 두려움에 엄마에게 울며 빌기도 했었다.

'내가 행동을 잘하면 맞지 않을 거야. 잘한다면 파양 당하지 않을 거야. 엄마가 화날 일도 없어. 그러니까 내 할 일을 제대로 하자. 그러다 보면 엄마도 나를 사랑해주겠지.'

엄마가 좋았다. 엄마가 미웠다. 엄마에게 사랑받고 싶었다. 엄마가 날 때릴 거라면 차라리 내게 좋은 모습을 보여주지 않았으면 싶었다. 엄마에게 사랑받고 싶었다. 엄마에게 사랑한다는 말을 듣고 싶었다. 딸로서 사랑받고 싶었다.

'혹시 내가 입양아라서 엄마가 나를 더 미워하는 걸까? 내가 친딸이었다면 엄마가 나를 때리지 않았을까? 내가 친딸이었다면…내가 아무것도 하지 않아도 엄마가 나를 사랑해줬을까?'
'엄마, 내가 입양아라서 때리는 거예요? 그래서 날 사랑하지 않는 거예요?'

# 파블로프의 개

　학교에서 현장 체험학습으로 놀이공원을 가는 날이었다. 친구들과 놀이기구도 타고 사진도 찍는 등 꽤 행복한 시간을 보냈다. 우리는 오고 가는 버스에서 다 같이 노래도 부르고 게임도 하면서 즐거운 하루를 보내고 학교로 돌아왔다. 현장 체험학습이 끝나고 친구들과 편의점에서 수다를 떨고 집으로 가는 길이었다. 거리는 벌써 어두워지고 있었다. 나는 버스에서의 일과 놀이공원에서의 일을 떠올렸다. 오늘 있었던 일이 내 머릿속에 스쳐 지나갔다. 사람이 이렇게까지 즐거울 수 있구나 싶었다. 그리고 나는 이제 곧 이 반에 없겠구나 싶었다. 그렇게 생각하니 오늘의 추억이 모두 의미 없이 느껴졌다. 그래도 친구들이 나를 기억해줬으면 하고 바랐다. 영원히 친구들의 머릿속에 기억되고 싶었다. 그런 생각들을 하며 우리 집 아파트에 도착하자, 3층 창문 너머로 엄마가 보였다. 커튼을 쳐 놓지 않은 모양이었다. 엄마는 컴퓨터로 서류 작업을 하고 있었다. 나에게 매일 시키는 저 서류 작업을 나는 집에 들어가면 또 해야 할 것이라는 생각이 들었다. 실수하면 맞는 일상이 반복될 것이라는 생각도 들었다. 우리 집은 화목한 척하고 있지만, 엄마 앞에선 웃고 있지만 나는 이제 우리 집에 폭력이 숨어 있다는 걸 알고 있었다.

　'집에 들어가지 말까?'

매일 생각하고 있었지만, 매일 바라고 있었지만 절대 실천하지 못했던 무언가가 내 머릿속에 스쳐 지나갔다. 오늘이라면 할 수 있을 것 같았다. 행복한 날을 맛본 오늘은 저 집에 들어가기 싫었다. 나는 뒤돌았다. 집을 등지고 서서, 반대로 걸었다. 후련했다.

'그런데 어디로 가야 하지?'

혼란스러웠다. 그래도 집에 들어가기는 싫었다. 나는 무작정 걸었다. 걷고, 걸었다. 늦가을의 밤은 추웠다. 바람은 더욱 세게 불어왔고 나는 혼자였다.

'엄마가 나를 찾을까? 아빠는?'
'기대하지 말자.'

나는 잠깐 '엄마가 나를 찾아주진 않을까?' 하는 기대를 했지만, 평소의 엄마를 생각하곤 이내 기대를 저버렸다. 향할 곳이 없었던 나는 괜히 버스가 끊긴 정류장에도 앉아 있어 보고, 상가 화장실이며 계단이며 가리지 않고 찾아가 추위를 피해 보기도 했다. 시간은 가지 않았다. 밤이 점점 깊어갔다. 나는 조금씩 후회하는 마음이 드는 듯 마는 듯하며 집 근처로 다시 향했다. 집은 잠잠했다. 불이 켜져 있지도 않았고, 나를 찾는 기색도 보이지 않았다.

'우리 집은 항상 그랬어. 나는 있으나 마나 한 존재였지. 항상 엄마는 "내 집에서 나가!"라고 소리 질렀잖아. 그래도 슬픈 걸 어떡해. 억울해 이건. 돌아가고 싶어. 나 좀 찾아주세요.'

'자존심 상해. 그리고 무서워. 집에 돌아가면 엄마가 나를 또 죽도록 때리지

않을까? …내가 왜 집을 나갔는지 전혀 안 궁금해하면 어떡하지?'

 그런 생각을 했지만, 막상 내 발은 집으로 향하고 있었다. 춥고 매서운 벌판을 나는 견딜 자신이 없었다. 하지만 저 따뜻한 감옥 안에 제 발로 들어가기엔 겁이 났다. 그래서 아파트 비상계단에 앉아 있었다. 그러다가 이제는 집 대문 앞에 앉아 있었다. 거기에 쪼그려 앉아서 나는 꾸벅꾸벅 졸았다. 늦은 새벽, 아빠가 나를 찾아다니기는 했는지 문을 열고 나오더니 나를 발견했다. 그렇게 나의 첫 번째 가출은 끝이 났다.

 다음 날 아침, 나는 엄마 아빠와 아무 말도 하지 않은 채 학교에 갔다. 잠도 제대로 자지 못한 나는 비몽사몽 학교에 도착했다. 우리 반 친구들은 내 소식을 접한 모양이었다. 친구들 이야기를 들어보니 어제 나를 찾아다닌 친구들이 꽤나 있다고 했다. 어제 아파트단지에서 자전거를 타고 돌아다닌 친구들을 먼 발치에서 봤는데 그 친구들이 나를 찾아다녔던 모양이었다. 학교 친구들은 대수롭지 않은 단순 가출로 여기는 듯 보였다. 아무도 우리 집에 숨겨진 폭력을 눈치채지 못하는 것 같았다. 갈수록 비참해졌다. 담임선생님께서도 새벽에 집에 들어갔다는 내 소식을 들으시곤 자세하게 묻지 않으셨다. 친구들이 웃으며 걱정했다고 말해줬다. 그래도 그 잠깐의 걱정이 고마웠다. 엄마는 걱정해주지 않았지만 그래도 다른 누군가가 나를 걱정해주었다는 사실이 나를 안심시켰다. 그저 하루의 해프닝으로, 잠깐의 일탈로 넘어가야 했다. 그렇게 평소와 다름없이 즐거워 보이는 하루를 보냈다.

 "집에 가기 싫어."

 친구에게 말했다. 친구는 나를 조금 이상한 눈빛으로 쳐다봤지만, "그럴 수 있지!"하고 말해줬다. 집 앞, 나는 한참을 망설이다 겨우 문을 열었다. 다행히 엄마와 아빠는 없었다. 방에서 불안에 떨며 서성이고 있는 사이, 엄마가 도착하고 이내 아빠도 도착했다. 엄마는 나와 마주치더니 딱 두 마디 했다.

"네 마음대로 드나들 거면 그냥 나가. 아니면 다리를 부러뜨려 줄까?"

하더니 휑하니 방으로 들어가 버렸다. 억울했다. 기대도 안 한 줄 알았지만 사실 기대했던 것인지 나는 실망했다. 비참했고 슬펐다. 울 힘조차 없었던 나는 방으로 들어와 침대에 걸터앉았다. 그리곤 후회했다. 도망치려고 시도해봤자 도망칠 수 없단 걸 알면서 왜 그랬는지 생각했다. 나는 무력하다는 걸 깨달았고 평생 이렇게 살아야 한다는 사실을 되새겼다. 아무 데로도 갈 수 없다고 생각하던 도중, 아빠가 들어왔다.

'그래도 아빠는 나를 찾아다녔으니까 조금은 괜찮지 않을까.'

나는 그런 생각을 하면서도 불안했는지 벌떡 일어났다. 그러자 아빠가 내게 말했다.

"나가."

나는 당황했다. 아빠가 나를 옷장 앞으로 거칠게 끌어당기더니 겉옷을 꺼냈다.

"나가라고. 여기가 네 마음대로 드나들 수 있는 곳인 줄 알아?"

'이게 무슨 말이지?'

나는 당황한 표정으로 말했다.

"하지만 아빠…"

아빠가 갑자기 살벌한 표정으로 윽박질렀다.

"대갈통 반으로 쪼개버리기 전에 당장 나가."

나는 숨을 '헉'하고 들이마셨다. 손이 덜덜 떨렸다. 이런 상황이 오면 나는 아무 말도 할 수 없었다. 심장이 뛰었고 식은땀이 났다. 나는 겉옷과 뺏겼던 휴대폰을 재빠르게 챙겨서 집에서 뛰쳐나왔다. 두 번째 가출이었다. 이걸 가출이라고 부를 수 있을지 조금 헷갈렸다. 엘리베이터를 탈 틈도 없었다. 비상계단을 뛰어 내려와서 아파트단지를 빠르게 빠져나왔다. 아파트단지를 빠져나오고 나서야 거친 숨을 몰아쉬며 멈춰 설 수 있었다. 집 근처를 걷고 있는데, 내 옆에 갑자기 자전거가 멈춰 섰다. 진혁이 오빠였다. 환멸이 났다. 나를 이렇게 내쫓아 놓고 다시 부르려는 속셈인가 싶었다. 절대 싫었다.

"꺼져."

나는 단호하게 말했다. 오빠가 자전거를 타고 천천히 따라오며 말했다.

"너 집 나가면 어떻게 하게? 돈은? 몸이라도 팔게?"

순간 나는 눈앞이 하얘졌다.

'이게 무슨 말이지? 자기 동생한테 할 말이 맞나? 지금 이걸 말이라고 한 건가?'

더 이상 듣기도 싫었다.

"닥치고 꺼지라고."

그렇게 말해도 오빠는 계속 쫓아오며 말했다.

"사실 그건 됐고, 아빠가 휴대폰 가져오래. 잠금 풀어서. 그거 안 주면 너 끌고 오라는데?"

이건 명백한 협박이었다. 휴대폰을 내놓던지, 아니면 끌려와서 맞아 죽던지. 내 머리는 빠르게 돌아갔다.

"알겠어. 잠금 풀 테니까 잠깐 기다려."

나는 재빠르게 슬아와 대화한 어플을 삭제하고 잠금을 해제시켰다. 그리곤 휴대폰을 건네주었다.
"이제 가."

진혁이 오빠는 그제야 돌아갔다. 다행이었다. 더 쫓아왔으면 어떻게 됐을지 모를 일이다. 진혁이 오빠는 항상 그랬다. 우리가 맞고 있으면 그걸 항상 남

일처럼 생각했는지 내가 맞고 방에 들어갔을 때 오빠는 자고있는 경우가 자주 있곤 했다. 아, 그러고 보니 그때랑 상황이 겹쳤다.

"일어나."

여느 때처럼 별거 아닌 이유로 한참을 맞고 있던 나와 진호를 엄마가 일으켜 세웠다. 그러곤 겉옷을 던져주더니, 밖으로 끌고 나갔다. 뭔가 이상했다. 추운 밖에 세워둘 생각이었으면 겉옷을 주진 않았을 거라고 생각했다. 왜인지 모를 불안감에 휩싸여 문밖을 나섰다. 마당에 멀뚱히 서 있는 나와 진호를 엄마는 대문 밖으로 끌고 나갔다. 그러곤 차에 태웠다. 태웠다기보다는 구겨 넣었다. 좌석에 앉히지 않고 그 아래에 쭈그려 앉혔다. 나는 어리둥절했다.

'이게 무슨 일이지? 우리를 어디로 데려가려는 거지?'

나는 엄마를 올려다봤다. 그러자 엄마에게 뺨을 맞곤 다시 내 시선은 아래로 내려갔다. 덜덜 떨고 있는 우리를 태우고 한참을 달려 도착한 어두운 산길에서 갑자기 문을 열더니 엄마는 우리를 끌어내렸다.

"너희 알아서 살아. 다시 안 데리러 올 거니까."

'이게 무슨 말이지? 우리를 버린다는 말인가? 엄마가 매일 하시던 말. 그렇지만 거짓말인 줄 알았는데. 진짜로? 진짜로 이렇게 버린다고? 뭐가 됐든 빌어야 한다. 나는 혼자가 되면 안 된다.'

나는 엄마를 빠르게 붙잡으며 빌었다.

"잘못했어요. 잘못했어요!!! 엄마!!"

엄마는 나를 거칠게 떼어놓고는 차로 들어갔다. 그리곤 차는 그대로 출발해 버렸다. 나는 차를 필사적으로 쫓아갔다. 그렇지만 빠르게 달리는 차를 잡을 수 없었다. 차는 그대로 떠나버렸고, 진호와 나만 이 산길에 남겨져 버렸다. 아무리 아스팔트 길이라지만 산은 산이었다. 주변에 빛 하나 없는 그 길에서 나는 무엇도 하지 못하고 주저앉아 버렸다. 나는 다시 일어나서 차가 지나간 길로 걸어가 보기도 하고 울어보기도 했지만 아무도 들어주지 않았다. 제발 차 한 대만 지나가 주었으면 하는 마음이었다. 한참을 안절부절하고 있을 때 저 멀리서 빛이 보였다. 빨간색 차. 엄마의 차였다. 나는 엉엉 울며 엄마를 불렀다.

"엄마 잘못했어요!! 엄마 저 버리지 말아 주세요. 제가 잘할게요!"

엄마는 나를 힐끗 보더니, 고개를 돌렸다. 그러곤 진호만 데리고 다시 사라졌다.

"엄마?? 엄마!! 엄마!!!"

나는 이 상황 자체가 잘 이해가 가지 않았다.

'엄마는 나를 왜 버렸지?'
'왜긴 왜야. 네가 행동을 잘못해서 그런 거야. 네가 나빠서 그래. 다 네 탓이야.'

나는 절망하며 다시 울기 시작했다. 한참이 지나자 다시 불빛이 보였다.

"엄마…?"

차는 내 앞에서 멈추더니 엄마가 내렸다. 엄마는 내 손목을 잡고 다시 나를 좌석 아래쪽에 구겨 넣었다. 나는 훌쩍훌쩍 울음을 참으며 안도감을 느꼈다. 그런 나는 잠깐 졸다가 집에 도착한 걸 눈치채고는 눈을 떴다. 집에 들어가자 진호는 씻는 걸 마치고 옷을 갈아입고 있었고, 진혁이 오빠는… 자고 있었다. 자기와는 이 일이 아무 상관이 없다는 듯이. 마치 아무 일도 없었다는 듯이. 방금 맞았던 아이들이 마치 타인이라는 듯이, 방금 버려졌던 아이들이 마치 자신의 동생들이 아니라는 듯이, 자신의 가족이 아니게 되어도 아무 상관이 없다는 듯이. 나는 오빠를 잠깐 쳐다보다 엄마에게 다시 혼날까 재빠르게 화장실로 들어가서 씻었다. 엄마는 나를 언제든지 버릴 수 있다는 게 현실이 되었다.

그날은 그런 날이었다. 엄마가 날 언제든 버릴 수 있다는 게 현실이 된 날. 오빠는 우리는 마치 타인처럼 생각할지도 모른다고 생각하게 된 날. 나는 절대로 혼자가 돼선 안 된다고 생각하게 된 날.

나는 다시 거리를 걸었다. 어제보다 밤이 더 추워졌다. 오늘도 버스 정류장에 앉아서 밤거리를 바라봤다. 괜히 발을 툭툭 차고 있는데 갑자기 비가 오기 시작했다. 바깥이 너무 추워져서 추위를 피할 곳을 찾아야 했다. 두 번째 가출이니 어려울 게 없었다. 어제 갔던 상가 화장실을 찾아갔다. 따뜻한 비데가 켜져 있는 곳을 골랐다. 화장실 변기에 앉아서 꾸벅꾸벅 졸았다. 이따금 찾아오는 사람들 발걸음 소리에 선잠을 자면서 시간을 보냈다. 빗소리가 그치자 바깥으로 나가서 나는 다시 걷기 시작했다. 내 발길이 향한 곳은 자연스레 행복한 기억이 가득한 학교 근처였다. 학교 앞 24시간 세탁소에서 누워있기도 해보고, 학교 앞 정류장에 모자를 푹 눌러쓰고 앉아 있기도 해 봤다. 해가 점점 뜨고 있었다. 정류장에 앉아 있는데 익숙한 차 한 대가 보였다. 아빠 차였다. 심장이 요동쳤다. 모자를 더 깊게 눌러쓰고 고개를 푹 숙였다. 누군가 내렸다.

'동생인가? 오빠인가?'

동생인지 오빠인지 모를 사람은 날 보지 못한 듯 다시 차에 타더니 나를 지나쳤다. 나는 땅이 꺼질 듯 한숨을 쉬곤 해가 뜨는 풍경을 바라봤다. 아이러니하게도 집은 나왔지만, 학교는 가고 싶었다. 친구들이 보고 싶었다. 나는 학교로 향했고, 밤새 비를 맞고 돌아다니느라 흐트러진 내 모습을 정돈했다. 양치하고, 학교 화장실 세면대에서 세수하고, 머리를 대충 손으로 빗었다. 학교 안을 돌아다니고 있는데 담임선생님과 마주쳤다. 담임선생님께선 뭔가 알고 계신 듯했다. 선생님이 나를 편의점으로 데리고 가시더니 아침을 사 주셨다. 나는 거기서 마주친 반 친구에게 휴대폰을 빌려 슬아에게 전화를 했다.

"슬아야, 나 어젯밤에 집에서 쫓겨났어. 일단 학교는 왔으니까 너무 걱정하지 마. 휴대폰을 뺏겨서 당분간 연락 못 할 수도 있어. 알았지?"

휴대폰을 빌려준 친구에게 고맙다는 인사를 하고 담임선생님과 함께 편의점을 나왔다. 그때 누군가가 나를 붙잡았다. 같은 반인 지영이었다. 지영이가 내 손목을 붙잡곤 반 정도는 농담 식으로 웃으며 말했다.

"혜인아, 갈 데 없으면 우리 집으로 와. 어딘지 알지?"

나는 웃으며 알겠다고 아무렇지 않은 척 대답했지만 그 말은 내게 큰 힘이 됐다. 그러곤 담임선생님과 학교로 돌아갔다. 담임선생님께서는 어떻게 된 일인지 내게 물어보셨다.

"가출 신고가 들어왔어, 혜인아. 밤새 경찰이랑 아빠가 널 찾아다녔어. 혹시 무슨 일 있었니?"

나는 지금 이 상황을 이해할 수 없었다. 화가 났다. 헛웃음이 났고 우리 집에 환멸이 나서 더 이상 참을 수 없었다. 그리고 억울했다. 내 앞에서 내 걱정을 해 주고 계신 선생님께 무슨 말씀을 드려야 할지 많은 고민을 했다.

'경찰? 가출 신고? 날 찾아다녀? 내 대갈통을 뭐 어쩌겠다고? 진짜 어이가 없어서.'
'선생님이라면 해결해 주실 수 있지 않을까. 선생님이라면. 선생님이라면 믿을 수 있어. 우리 선생님이라면.'

나는 내 인생의 지독한 악연을 지금이라면 끊을 수 있다고 생각했다. 그 학대를, 그 폭력을, 그 악몽을 멈출 수도 있다는 생각에 갑자기 눈물이 흘렀다. 눈물이 멈추지 않았다. 그래서 선생님께 모든 것을 말씀드렸다. 사실 기억이 나지 않는 어린 시절부터 맞았다고, 온몸에 피멍이 들고, 쓰러질 때까지 맞았던 그 얘기를 했다. 선생님은 적잖이 충격을 받으신 것처럼 보였다. 그러곤 아빠랑 얘기해 보시겠다고 하시곤 나를 내보내셨다.

'어? 잠시만. 아빠랑 얘기한다고?'

나는 당황했다. 내 머릿속에 오만가지 생각이 스쳐 지나갔다.

'이 일을 아빠랑 얘기해서 뭘 어떻게 하시겠다는 거지? 나 지금 혹시 말실수 했나? 엄마랑 아빠한테 맞은 거 다른 사람한테 얘기한 거 들키면 나 큰일 나는데? 맞아 죽을지도 모르는데? 나는 학교로 오면 안 되었던 건가? 도망칠까? 엄마한테 맞아 죽을 바엔 내가 자살하는 게 나을지도 모르겠다.'

내가 이런 불안에 휩싸여 덜덜 떨던 중에, 선생님이 다시 들어오시더니 나를 아빠가 있는 방으로 데려가셨다.

"혜인아, 아빠가 미안하시대. 다시는 안 그러시겠대. 그러니까 혜인이도 집으로 들어가자. 응?"

담임선생님께서는 따뜻하게 내게 말씀하셨다. 담임선생님은 이 일의 심각성을 이해하지 못하신 것 같았다. 아빠는 소름 끼치도록 위선적이고 따뜻해 보이는, 소위 말하는 '아빠'의 모습으로 내 앞에 나타났다. 돌아가자고, 아빠가 미안하다고 말했다. 나가라고 위협하며 내 대갈통을 반으로 쪼개버리겠다는 그 모습은 도무지 찾아볼 수가 없었다. 나는 다시 '파블로프의 개'가 됐다. 종소리가 들리면 무슨 일이 있든 반응하는 그 개처럼, 나는 그들 앞에만 서면 복종하게 되는 그런 개였다. 그렇게 아빠와 엄마에게 맞았던 기억에 휩싸여서 그저 평소처럼 복종할 수밖에 없었다.

"네, 아빠."

싫다고 말하고 싶었다. 선생님께 도와달라고 소리치고 싶었다. 당장 그 교실을 뛰쳐나가 아무나라도 붙잡고 집에 들어가면 난 맞아 죽을 거라고, 살려달라고 울부짖고 싶었다. 나는 그러지 못했다. 여느 때처럼 그러지 못했다. 여느 때처럼 나는 복종했다. 여느 때처럼 나는 포기했다. 눈물을 머금고 집으로 돌아가는 차 안은 고요했다. 집에 도착하고, 엄마를 마주하자 심장이 빠르게 뛰었다. 숨이 잘 안 쉬어졌지만, 티를 낼 수는 없었다. 엄마의 한 마디는 그거였다.

"또 그러면 반 죽여 버릴 줄 알아."

그러곤 쌩하니 방으로 들어가 버렸다. 나도 방으로 들어갔다. 아이러니하게도 전날 밤과 달리 집안은 너무 따뜻했고, 아늑했다. 침대는 푹신했고 이불은 포근했다. 마음은 공허하고 시렸다. 이미 닳을 대로 닳고 멍들대로 멍든 내 마음은 끝도 없이 시려왔다. 이 시린 마음이 누구 때문인지 생각해봤다. 분명 엄마 아빠 때문이었지만 내 탓을 하면 편해졌기에 내 탓을 했다.

'왜 태어났니, 왜 태어났어….'

그런 생각을 하며 잠이 들었다.

## 안녕의 변화

 나는 모든 것을 포기한 채로 학교생활을 했다. 집을 탈출할 수 있을 거란 희망도, 엄마에게 맞지 않을 수 있으리란 기대도 모두 저버린 채 멍하니 학교에 다녔다. 심지어 전학을 갈 날이 다가올수록 나는 좋은 친구들을 두고 떠나야 한다는 생각에 더욱더 슬퍼하며 우울한 기색을 감출 수 없었다. 그래도 시간은 멈추지 않았다. 내 마음과 달리 시간은 계속 흘러 결국 첫 번째 중학교에서의 마지막 날이 찾아왔다.

 "혜인아, 너 마지막 날이 마침 선생님 생신이어서 저번에 찍었던 영상 편지 보여드리고 마무리할 거야! 그동안 수고했어!"

 반장이 웃으면서 말했다. 나는 속으로 씁쓸한 마음을 삼키며 알겠다고 웃으며 대답했다. 울음을 겨우 삼켰다. 진짜 마지막이라는 생각에 우울해졌다. 그때 지영이가 말했다.

 "혜인아, 나 진짜 편지 한 장밖에 안 썼어. 기대하지 마라."
 나는 웃었다. 아까 스테이플러로 집어둔 편지지를 봤기 때문이었다. 고마웠다.

"그래. 기대 안 할게."

그때, 영상이 시작됐다. 선생님 생신을 축하드리는 영상 편지가 내 차례부터 시작됐다. 내가 선생님께 전하는 생신 축하 영상 편지가 끝나자, 그 후 갑자기 진짜인 줄 알았냐며 나에게 전하는 친구들의 편지가 시작됐다. 차근차근 3월 입학식부터 4월의 과자 파티, 5월의 체육대회, 10월의 놀이공원, 11월의 단합대회, 눈싸움까지 하나하나 사진도 빠짐없이 넣어둔 영상을 보며 나는 울었다. 내가 아프지 않고, 맞지 않고 울어본 경험을 만들어준 친구들에게 너무도 고마웠다. 차근차근 우리의 추억을 짚어본 후 친구들의 영상 편지가 시작됐다.

"장난 받아줘서 고마워. 전학 가서 잘 지내!"
"그동안 고마웠어. 연락하고 지내고 나중에 꼭 다시 만나자."
"그동안 많이 놀렸는데 받아줘서 고마워. 너랑 놀 때 많이 재밌었어. 등굣길이 허전해질 것 같네."
"혜인아, 선생님이야. 생일 축하해줘서 고마워. 전학 왔는데도 너무 잘 지내줘서 고마워. 보고 싶을 거야."

나는 울음을 멈출 수 없었다. 중간에 친구들이 재밌게 찍은 영상 편지를 보고 웃기도 했지만, 끝도 없이 울었다. 이렇게 나를 위해 영상까지 만들어준 친구들을 두고 떠나야 한다는 사실이 너무 아쉬웠다. 영상이 끝나고 교실을 돌아보니 친구들도 모두 울고 있었다. 나를 위해 이렇게까지 해 주는 친구들이 있다는 것이 나에게 힘이 됐다. 동시에 허탈했다. 나는 이제 이 친구들의 곁을 떠나야 했다. 친구들이 울면서 케이크를 들고 들어왔고, 잘 가라며 내게 선물을 건네줬다. 나는 선물을 양손 한가득 안고 울며 말했다.

"얘들아, 고마워…. 꼭 다시 놀러 올게…. 너무 고마워…."

이토록 허무한 일도 없으리라 싶었다. 집까지 데려다주는 친구들과의 발걸음 하나하나가 너무도 빨랐고 아쉬웠다.

집에 도착한 나는 지영이의 편지를 읽었다. 커다란 편지지 다섯 장 가득 편지를 써 준 지영이의 마음에 나는 읽으며 계속 눈물을 흘렸다. 추억을 되짚으며 써준 편지에 이걸 나중에 읽으면 중학교 1학년 시절을 잊지 않을 수 있겠구나 싶었다. 놀이공원 갔을 때 내가 많이 힘들어 보여서 걱정했다는 지영이의 편지에 나는 놀랐다. 그때 나름 티 내지 않았다고 생각했는데 지영이는 눈치채고 있던 것이었다. 쭉 편지를 읽어 내려갔고, 지영이의 마지막 말은 그랬다.

'지금의 안녕이 또 다른 안녕으로 변해서 다시 만나자.'

나는 지영이의 말에 생각했다. 이런 이별에 다시 만나는 일이 있을지, 이런 추억과 상황들은 되돌아오지 않는데 그런 공허함은 어찌하면 좋을지 한참을 고민했다. 나는 현재를 잃기 싫었다. 변화하는 상황이 싫었고, 지금의 친구들을 놓기 싫었다. 영원히 기억되고 싶은 마음이 싹텄다. 불가능하다는 걸 알고 있었다. 영원히 나를 사랑해 줄 누군가가 필요했다. 내가 공허한 이유는 집에서 사랑받지 못하지만, 사랑을 원하기 때문이라는 걸 나도 잘 알고 있었다. 점점 엄마와 아빠가 미워졌다. 나를 사랑해주지도 않으면서 나를 사랑해주는 친구들을 매번 떠나보내게 하는 엄마와 아빠가 미웠다.

'그래도 나한텐 엄마랑 아빠밖에 없어. 사랑받고 싶어.'

'엄마랑 아빠는 널 사랑해주지 않아. 특히 엄마는.'
'아무도 널 사랑해주지 않아.'
'정신 차려. 친구들은 널 위해 많은 걸 해줬어.'

나는 이런저런 생각을 하며 친구들이 준 선물을 정리했다. 환경이 바뀐다는 것이 두려웠다. 친구들을 떠나야 한다는 것이 못내 아쉬워서 잠들지 못했다.

# 광대

전학을 오게 된 뒤, 엄마와 함께 지내는 시간이 늘어났다. 나는 주로 엄마와 함께 엄마의 회사 서류 작업을 도왔다. 그럴 땐 항상 긴장했다. 엄마가 "혜인아!"하고 부르면 바로 대답할 수 있게 귀를 쫑긋 세우고 있었다. 그래서였는지 나는 작은 소리에도 크게 놀라는 사람이 되었다. 그래도 엄마의 일을 도우면 엄마에게 칭찬 받을 때가 많았다. 나는 칭찬받는 사람이 되고 싶어서 애를 썼다.

'내 행동이 정말 칭찬받고 싶어서일까, 맞기 싫어서일까.'

엄마의 표정 하나하나를 살폈다. 엄마가 기분이 좋지 않을 때, 기분 좋을 때를 구분해서 행동했다. 타이밍 좋게 행동을 잘 맞춰주는 사람이 되고 싶어서 늘 엄마를 살폈다.

엄마의 한숨 소리가 들렸다. 나는 긴장해서 온몸이 벌벌 떨렸다.

'사실 별일 아닐지도 몰라. 실수했나? 괜찮아. 괜찮을 거야.'

심장이 빠르게 뛰고 손이 떨렸다. 미칠 듯이 불안했다. 엄마가 화가 난 것처럼 보였다. 손에 식은땀을 쥐며 불안함을 삭였다. 엄마가 화만 나지 않았으면 하는 심정으로 엄마의 눈치를 살폈다.

"혜인아, 쉬었다 할래? 좀 힘들다."

'아, 다행이다. 다행이다. 다행이다.'

나는 엄마가 화난 게 아님에 마음을 놓았다. 가끔 엄마와 이렇게 일을 할 때면 엄마와 내 관계가 직장 상사와 부하직원 같아서 기괴하다고 느낄 때가 있었다.

서류 작업 후에는 항상 저녁을 만들고 설거지까지 내 몫이었지만 그런데도 나는 웃고 있었다. 가족들이 뒤돌아서 텔레비전을 보며 웃을 때 나는 칼을 설거지하며 생각했다.

'죽이고 싶어. 싹 다.'

엄마가 날 부를 때는 웃으면서 "네, 엄마!"하고 대답하는 게 일상이었지만 뒤돌아서면 나는 항상 지친 표정을 짓게 됐다.

엄마는 옷을 고를 때나 염색을 할 때도 나를 자주 찾았다. 나는 그럴 때마다 웃으면서 내가 마치 엄마와 친한 딸인 것처럼 살갑게 대했다. 그래서인지 엄마는 행복해 보였다. 내 농담에 깔깔 웃기도 하고 나와 생각이 잘 통하면 엄마는 좋아했다. 엄마는 내가 엄마에게 맞춰주고 있다는 사실을 모르는 듯했다.

## 신뢰

어느 주말 저녁, 나는 방에서 엄마의 서류 작업을 대신하고 있었다. 딸깍거리는 마우스 소리와 키보드 소리만 내 귀에 지겹도록 꽂혔다. 엄마가 잠깐 나와 보라며 나를 거실로 불렀다. 나는 긴장했다. 또 다른 사건이 있어서 맞아야 하는 건 아닌지 생각했다. 그때, 전혀 예견하지 못한 말이 엄마 입에서 튀어나왔다.

"엄마랑 아빠 이혼하기로 했어. 넌 엄마 따라올 거지?"

순간 정적이 흘렀다. 당황한 나는 눈을 이리저리 굴렸다. 처음부터 끝까지 내가 빠른 속도로 이해하긴 힘든 이야기였다. 엄마는 내 옆에서 내 대답을 기다리고 있었다. 나는 순간 엄마를 따라갈까 생각했다가 곧 생각을 바꿨다. 내가 하는 서류 작업, 엄마의 언어폭력, 피멍에서 해방될 기회라고 생각했기 때문이다.

'하지만 이걸 어떻게 엄마에게 말하지?'

나는 한참을 망설였다. 망설이는 와중에도 나는 엄마의 표정과 반응을 계속 살폈다. 엄마는 내가 아빠를 따라가겠다고 내심 결정한 걸 알고 있는 것처럼 보였다. 그런데도 말할 수 없었다. 엄마를 실망하게 하는 행동을 하기 너무 힘들었다.

'왜지? 또 맞을까 봐?'

조금 혼란스러웠다. 그런데도 말할 수밖에 없었다. 주로 폭력을 행사하는 주체는 엄마라는 사실은 확실했고, 나는 거기서 벗어나고 싶었다. 한참을 망설이고 망설이다 목구멍에 걸리는 말을 겨우 내뱉었다.

"아빠랑 살고 싶어요."

이 말을 내뱉고 나는 여느 때처럼 엄마의 반응을 빠르게 살폈다. 엄마의 표정, 행동, 눈빛, 사소한 움직임 전부 다 살펴보았다. 엄마는 내심 예상했지만 내가 실제로 그렇게 말할 용기가 있을 거라고는 예상하지 못한 모양새였다. 항상 나는 엄마를 쫓아다녔고, 엄마를 좋아하는 사람이었으니까. 엄마는 그 말을 듣고 언제나 그렇듯 자신의 불안정함을 숨기려고 했다.

"그래? 그러면 아빠랑 가서 살아. 이제 엄마라고 부르지 말고. 조만간 짐 빼서 아빠랑 너희가 이사 갈 거야."

엄마는 이 말을 하고는 일어나서 방으로 들어가 문을 닫아비렸다. 나는 안도했고, 대가로 전학을 가야 한다는 사실에 조금 슬퍼했다. 하지만 딱히 이제 학교생활이 소중하지도, 이별하지 않을 거란 기대도 하지 않기에 괜찮았다. 또한 이제 더 이상 엄마가 나를 때리지 않을 거라는 생각에 깊은 후련함과 통쾌

함을 느꼈다. 엄마가 방문을 닫고 엄마의 모습이 보이지 않자 나는 소리가 나지 않게 웃었다. 후련하게 웃었다.

 짐 정리를 하는 동안 엄마는 집에 없었다. 아마 일을 간 것 같았다. 친구들과의 인사도 끝마치고, 짐 정리도 다 끝났다. 이제 벗어나는 거라서 후련해야 한다고 생각했는데 왜 허무하고 불안한지 이해할 수 없었다. 나는 감정에 휩싸여 충동적으로 SNS에서 본 약물 자해 방법을 떠올렸다. 진통제를 과다복용하면 두통과 어지럼증, 심하면 구토까지 한다는 말을 본 적이 있었다. 그러고 싶다는 충동이 들었다. 마음이 아픈 것보다 몸이 더 아프면 마음이 아픈 걸 잊을 수 있을 것 같았다. 겁이 났다. 그렇지만 이렇게라도 하지 않으면 견딜 수 없을 것 같았다. 차에 오르기 전, 나는 진통제 네 알을 입에 털어 넣고 차에서 잠이 들었다. 어질어질했다. 가식적이라고 느껴졌지만, 또 따뜻하게도 느껴지는 아빠의 관심과 걱정이 기분 좋았다. 그렇게 나는 폭력에서 탈출했다고 생각했다.

 아빠와 지내는 생활이 시작됐다. 조금은 자유로워졌다는 느낌이 들었다. 식사는 내가 항상 차려야 했지만, 엄마와 지낼 때보다 격식을 덜 차린 식사 자리는 내 몸을 한결 더 편하게 만들어줬다. 아빠는 진호와 내가 학교에 가 있을 때 집에 있고 우리가 하교할 때 즈음 출근했다. 나는 더 이상 집에서 가면을 쓰지 않아도 됐다. 가면을 내려놓으니 내 감정이 보였다. 뒤로 애써 미뤄뒀던 내 공허함, 우울함, 아픔이 보였다. 창으로 뻥 뚫린 가슴 안쪽을 내가 잡으려 애쓰는 기분이었다. 내 안쪽엔 아무것도 없었다. 무언가라도 잡고 싶었지만, 텅 비어있는 기분이었다. 내가 살아있는 것 같지 않았다. 아무런 감각이 느껴지지 않았다. 슬아와 전화하며 웃고 떠들었지만, 전화를 끊자마자 느껴지는 공허함은 어찌할 바를 모르고 내 주변을 계속 떠다녔다.

나는 커터칼을 집었다. 내 몸의 감각을 되살리고 싶었다.

손목에 한 줄 그었다. 상처에서 심장이 뛰는 기분이었다.

'내가 미쳤나?'
'혜인아, 죽자! 그냥 그대로 깊게 넣고 그어!'
'아파. 아파. 마음이 더 아파. 차라리 몸이 아프면 마음이 덜 아프지 않을까.'

'그만.'

나는 커터칼을 내려놨다. 심호흡을 한 번 했다. 다행히 가을이어서 긴 팔을 입는 시기였다. 이 상처를 아빠에게 들키지 않기로 했다. 그리고 웬만해선 하지 말자고 마음먹었다. 웬만해선.

나의 그런 다짐과는 달리 내 상처는 하루가 다르게 늘어갔다. 작은 반창고 하나만 붙여도 될 만큼에서 반창고로 가려지지 않을 만큼으로, 손목 전체로, 팔목에서 손목 끝까지로, 팔목에서 손등 끝까지로 늘어가기까지는 그리 오랜 시간이 걸리지 않았다. 공허함은 그래도 사라지지 않았다.

'엄마, 내가 뭘 잘못 했어요?'
'공허해. 아파. 차라리 아프고 싶어.'

횡단보도 앞에 서서 쌩쌩 지나가는 차들을 보면 그 앞으로 뛰어들고 싶었다. 높은 건물을 볼 때마다 그 꼭대기에 올라가서 뛰어내리고 싶었다. 나는 죽고 싶었다. 살아갈 의미가 없다고 생각했다. 슬아가 있었지만, 그것도 다 소용없다고 생각했다. 갈수록 내 상처는 촘촘해졌고 깊어져 갔다.

오늘은 처음으로 학원을 가고 싶다고 아빠에게 말했다. 아빠는 매일 돈이 없다고 내게 말했지만 그래도 공부가 하고 싶었던 나는 학원이 너무 가고 싶었다.

"친구들도 학원을 다 다니고 저도 공부를 하고 싶어요. 우리 가정 상황은 이해하지만, 중학교 2학년이나 됐는데 학원을 한 번도 가보지 못했다는 게 말이 돼요? 저도 한 번쯤 제대로 공부 배워보고 싶단 말이에요."

점점 언성이 높아지기 시작했다. 아빠는 내게 혼자서 공부하라고 했고, 갈수록 소리를 지르기 시작했다. 나는 화가 났다. 그리고 처음으로 아빠에게 대들 용기가 생겼다.

"왜요? 또 때리시게요? 그러시겠죠. 엄마랑 아빠는 화가 나면 할 줄 아는 건 저희를 때리시는 것밖에 없었잖아요."

나는 일부러 아빠를 자극했다. 아빠가 지금 나를 때리지 않았으면 하는 마음을 품고 아빠를 몰아세웠다. '쿵' 하는 소리가 났다. 내가 아빠의 손에 머리를 한 대 맞고는 다시 벽에 머리를 박았다.

"그럼 그렇지."
나는 실망했고, 체념했다. 아빠는 방을 나가며 말했다.

"하여튼 학원은 안 돼. 일 시간이 다 돼서 나간다."

아빠는 나를 살펴보지 않은 채 그대로 집을 나가버렸다. 나도 동생을 혼자 남기고 내 방으로 들어갔다. 그러곤 충동적으로 모아둔 약을 모두 꺼냈다. 진통제 열세 알 정도를 모두 까놓고는 생수병을 들고 왔다. 나는 죽을 생각이었다. 어림도 없는 약 개수인 걸 알았지만, 더 이상 살고 싶지 않았다. 아무 감정도 느껴지지 않았다. 변한 줄 알았던 아빠가 또다시 날 때렸다는 사실만 남아있었다.

'아빠가 변했을 거라는 기대조차 해서는 안 됐던 걸까.'

나는 입에 몽땅 약을 털어 넣고 삼킨 채로 자리에 누워 잠들었다. 무슨 꿈일지도 모를 악몽을 꾸고 밀려오는 구토감에 삼십 분도 채 자지 못하고 잠에서 깼다. 죽지 못했다는 상실감에 허무했지만, 그보다 어지러움이 더 심했다. 내 시야가 멀쩡하지 않았다. 화장실까지 달려가 점심으로 먹은 미역국을 다 토해냈다. 약 색깔의 토가 밀려 나왔다. 역겨운 약 냄새가 코를 찔렀다. 변기를 한참을 부여잡고 토를 했다. 약 냄새가 너무 역겨워 세면대의 수돗물을 겨우 마셨다. 나는 어지러워 비틀거렸다. 마신 수돗물도 역겨워 다시 토해냈다. 몸이 너무 괴로웠지만, 집에는 자고 있는 동생밖에 없기에 내가 가장 하고 싶지 않은 일을 해야만 했다. 나는 아빠에게 전화를 걸었다. 내가 약을 먹었다는 사실은 말하지 않았다. 계속 구토를 한다고 말했다. 아빠는 한달음에 달려왔다. 약 때문인지 무엇 때문인지 알 수 없는 역겨움이 밀려왔다. 응급실에 가서는 아까 벽에 '어쩌다' 부딪힌 머리 때문이라는 소견을 듣고 링거를 맞고 집에 돌아왔다. 아빠는 내가 죽으려고 약을 잔뜩 먹고 아빠에게 직접 전화한 거라는 사실을 모르는 것처럼 보였다. 그리고 그 사실을 몰라야만 했다. 나는 터덜터덜 집에 들어와 잠들었다.

다음날, 어지러운 몸을 이끌고 학교 가면서 전날 있었던 일들을 생각했다. 죽지 못했다는 허망함이 후에 밀려왔다. 아픔과 고통은 존재했지만 그래도 죽고 싶었다. 등굣길 도로를 보며 많은 생각들을 했다.

'위센터에 가볼까.'

그건 실낱같은 희망이었다. 날 구해줄지도 모른다는 실낱같은 희망. 나를 이 죽음과 절망의 구렁텅이에서 한 발짝은 꺼내주지 않을까 하는 심해 속의 지푸라기 하나. 나는 선생님께 상담을 신청한 뒤 두근거리는 심장을 부둥켜안고 상담실로 달려갔다.

'그래, 내가 죽으려고까지 했는데. 구해주실지도 몰라. 이렇게 힘든데.'

예전에는 엄마에게 사랑받고 싶었다. 하지만 엄마는 나를 사랑해주지 않았다. 나는 언제나 외로웠다. 그래서 어느 순간부터는 맞지 않기를 원했고, 이제는 집에서 탈출하고 싶었다. 이 집이 지겨웠다. 누군가가 나를 꺼내줬으면 하는 마음이 들었다. 왠지 오늘은 할 수 있을 것만 같았다. 그런 희망은 내게 원동력이 됐다. 나는 상담 선생님께 여태껏 있었던 일들을 울며 토로했다. 상담 선생님은 꼼꼼히 메모하며 내 말을 들어주셨다. 내 이야기가 끝나자, 선생님은 내 등을 토닥여주셨다. 나는 눈물이 나서 한참을 울다가 선생님의 말씀에 고개를 들었다.

"혜인아, 이제 매주 상담실로 와. 선생님이랑 프로그램도 하면서 얘기 좀 나누고 그러자."

"…네? 아, 매주요. 그럴게요."

나는 맥 빠진 목소리로 대답했다. 이번에도 똑같았다. 어른에게 도움을 청해서 내 상황이 바뀌는 일은 없었다. 선생님은 아무런 조치도 취해주시지 않았다. 나는 살고 싶었다. 벗어나고 싶었다. 그런데 이제 벗어나려면 무엇을 해야 하는지 알 수 없었다. 아무도 나를 도와주지 않는 느낌이 들었다. 세상에 혼자 사는 기분이 들었다. 모두가 나에게 등을 돌린다면 이런 느낌일까 싶었다.

# 대물림

 중학교 3학년이 되면서 또 전학을 가게 됐다. 이번엔 아빠의 직장을 옮겨야 한다는 이유 때문이었다. 딱히 놀랍지 않았다. 그냥 그렇구나, 하고 받아들였다. 이사 가니 집에 오빠가 있었다. 마주하기 싫은 얼굴이었다. 아빠가 말했다.

 "이제 진혁이도 우리 집에서 같이 살 거야. 너희보다 나이 많으니까 아빠 없을 때는 아빠라고 생각하고 말 잘 들어라."

 엄마 아빠가 매일 했던 말이 생각났다. 엄마랑 아빠가 없을 때는 나이가 제일 많은 오빠가 엄마 아빠 역할을 할 거라는 말. 그게 얼마나 지독한 말이었는지 아빠는 모를 것이다. 그 말을 짊어지는 사람도, 그 아래에 있는 사람도 모두 괴로운 말이었다. 하지만 오빠는 그 말을 무기처럼 사용했다. 진호와 나는 평화로운 일상이 깨졌다는 것을 직감한 듯했다. 나는 오빠가 예전에도 우리를 가족처럼 생각하지 않는다는 걸 알고 있었다. 가끔 오빠가 공감 능력에 문제가 있는 건 아닌지 의문이 들 때도 있었다. 이전에 진호가 엄마에게 거실에서 맞고 있을 때, 오빠는 방에서 게임을 하고 있었다. 나는 같이 방에서 덜덜 떨며 방구석에서 엄마가 읽으라고 했던 책을 펼쳐놓고 읽지 못하고 있었다. 그때 웃고 있는 오빠를 보고 어떻게 저럴 수 있을까 하고 조금은 신기해했던 것 같다.

오빠는 학교를 다녀오면 항상 컴퓨터 앞에만 앉아 있었다. 집안일을 분담해서 하라는 아빠의 말과 달리 집안일은 전부 진호와 내 몫이었다. 그래서 가끔 내가 오빠에게 "오빠 집안일 좀 해!"라고 말하면 나에게 욕을 하거나 때리기도 했다. 진혁이 오빠는 진호에게 더 심한 행동을 보였다. 진호가 "형, 나 컴퓨터 조금만 하게 나와 주라."하고 말하면 그냥 그대로 무시하는 일이 일상이었다. 그래서 진호가 조금 언성을 높이면, 진호를 마구잡이로 때렸다. 진호는 마구 소리를 지르거나 미안하다고 말하곤 했다. 그럴 때마다 나는 나가서 그만하라고 말렸다. 오빠는 네가 뭔데 참견이냐고 말하긴 했지만 나까지 때리면 반격할 내 성격을 알기 때문에 거기서 멈췄던 듯했다.

어느 날이었다. 진호가 오빠에게 맞고 코피가 났는지 피를 뚝뚝 흘리고 있었다. 내가 놀라서 소리쳤다.

"오빠! 뭐 하는 거야! 내가 애 때리지 말라고 했지!"

오빠는 또 시시콜콜한 이유를 대며 이래서 때렸다고 말했다. 나는 생각했다.

'이유가 있으면 사람을 때려도 돼?'

그때 진호가 집에서 뛰쳐나갔다.
"신고할 거야."
나는 순간 당황했다. 경찰은 어차피 도와주지 않을 거라고 엄마가 그랬었다.

진호는 감정에 북받쳐서 집 옆의 경찰서로 뛰어갔다.

"진호야!"

내가 소리쳤다. 그때 오빠가 말했다.

"그냥 둬. 아빠한테 전화하지 뭐."

속이 들끓었다. 동생을 그렇게 때려놓고 하는 말이 당당하게 아빠한테 전화하겠다는 말이어서 어이가 없었다. 아빠가 오빠 편을 들어줄 리가 없다고 생각했다. 아빠는 일단 진호를 데리고 들어오라고 말했다. 오빠와 나는 밖으로 나가서 경찰서로 갔다. 경찰서에서는 아빠랑 통화했는지 동생을 그냥 보내줬다. 그리고 오빠에게는 동생 때리지 말고 사이좋게 지내라는 말뿐이었다. 허무했다. 우리 집 상황을 해결하는 것까진 몰라도 이렇게 쉽게 보내주진 않을 거라고 생각했다. 그런데 아니었다. 아빠랑 다 통화한 경찰은 그냥 우리를 보내줬다. 동생의 말을 얼마나 들었는지 궁금해졌다. 집으로 들어온 우리는 아빠와 통화했다. 아빠는 진호에게 윽박질렀다.

"너 형 말 잘 들으라고 했지. 근데 경찰서로 뛰어가서 별말을 다 해? 너 집에 가서 보자."

저렇게 위협하는 방식도 이젠 질리기 시작했다. 그런데 이젠 벗어날 길이 없었다. 내가 아무리 맞지 않는다고 해도, 우리 집은 폭력에 휩싸여 있었다. 내 팔의 상처는 여전히 사라지지 않았고 더 심해져만 갔다. 아, 의미가 없었다. 더 이상은 힘도 없었다.

# 죽어야만 해

'죽고 싶다, 죽어야지, 죽어야만 해.'

이렇게 의식의 흐름이 흘러가기까지는 그리 오래 걸리지 않았다. 나는 우리 집이 이렇게 된 문제의 원인을 계속 찾고 있었다. 내가 이렇게 된 원인을 계속 찾고 있었다. 결국 지쳐버렸던 나는 극단적으로 결론을 내렸다. 이 결론이 극단적이라는 것도 알고 있었고, 말도 안 된다는 것도 알고 있었지만 이게 내게 제일 편한 방향이었다.

문제는 나였다. 내가 태어난 그 시점부터 문제는 시작됐던 것이었다. 그렇다면 이야기는 빨랐다. 문제의 원인을 제거하면 된다고 나는 생각했다.

'내가 편하기 위한 방법은 이거야. 내 미래의 편안함을 위한 방법. 과거의 억울함은 어떻게 해야 좋을까. 그래, 유서를 써야지. 거기에 몽땅 적는 거야. 그들이 저지른 만행을. 그들이 우리에게 무슨 짓을 했는지, 그러면 최소한 진호는 탈출할 수 있겠지. 엄마랑 아빠가 내 죽음으로 슬퍼할지는 모르겠지만…'

내 머릿속으로 여러 생각들이 빠르게 지나갔다.

'죽는 방법은? 장소는? 날짜는? 남은 사람들은? 그들이 내가 죽은 이유를 은폐할 가능성은?'

복잡했다. 그리고 가장 큰 미련.

'슬아는…?'

슬아에게는 말하고 싶었다. 슬아에게 절망감과 배신감을 갑자기 느끼게 할 수는 없었다. 최소한 마음의 준비를 할 시간을 주어야 한다고 생각했다. 옥상 문이 열리는 것도 확인했고, 유서의 내용도 정리했고, 날짜도 잡았다. 모든 준비를 마친 시점에서 나는 슬아에게 문자를 보냈다.

[나, 죽을 거야. 내 생일 열흘 전쯤.]

몇 분 후, 미친 듯이 전화가 울렸다. 문자며 전화며 알림이 쉬지 않고 울렸다. 받고 싶지 않았다. 사는 것에 아무런 미련이나 무엇도 없을 줄 알았는데 왜 이렇게 슬픈지 알 수 없었다. 끝없이 울다가 슬아의 문자에 답했다.

[미안해. 그래도 난 죽어야겠어.]

슬아는 문자를 읽고 한참 동안 아무 말도 없다가 예정일 전날에, 우연히 친해진 친구인 희재와 함께 우리 집에 오겠다고 말했다. 시외버스로 한 시간. 가까운 거리는 아니었다. 눈물이 멈추질 않았다. 그렇게 한참을 울다 그냥 잠이 들어 버렸다.

예정일 전날이 되었다. 나는 우울함에 빠져 무거운 몸을 침대에서 겨우 일으켰다. 슬아가 온다고 했던 날이었다.

'네가 오든 안 오든 그저 하루 미뤄질 뿐인데 무슨 의미가 있어서 너는 나를 보러 와 주는 걸까.'

나는 무거운 몸을 이끌고 거울 앞에 섰다. 헝클어진 머리에 초점 없는 눈. 자해한 상처를 가리려 손목을 베었다며 거짓말을 하곤 손목에 대충 감아둔 붕대. 내가 봐도 꼴이 말이 아니다. 긴 옷을 입고, 머리를 빗고, 슬아와 희재를 마주할 준비를 했다.

'평소 친구들 앞에서처럼, 평소 친구들 앞에서처럼.'

이런 생각을 해도 역시 조금 힘들었다. 슬아와 희재를 만나곤 어색한 웃음을 지었다. 나는 울지 않으려고 꽤나 애를 썼다. 무슨 정신으로 하루를 보냈는지 모르겠다. 슬아와 희재는 일부러 그랬는지 별말 하지 않았다. 집에서 떡볶이를 시켜 먹고, 그림을 그리고, 바깥을 산책하고, 평범한 하루를 보냈다. 평범하게 웃고, 평범하게 수다를 떨었다. 저녁이 되자, 슬아가 말했다.

"너희 집에서 자고 싶은데, 엄마가 허락을 안 해 주시네…"

슬아가 다시 한참 뜸을 들이다 말했다.

"나 갈게. 또 보자."

나는 웃으며 말했다.

"응, 또 봐."

슬아와 희재가 문을 나서고, 나는 울음을 터뜨릴 수밖에 없었다. 슬아의 또 보자는 그 말의 의미가 무슨 의미인지 너무도 잘 알았기 때문에 나는 하염없이 울었다. 하지만 공허했다.

'슬아야, 네가 나한테 무슨 의미가 있지? 네가 있어서 뭐가 바뀌어? 내 삶은 이렇게 허무하고 절망적인데…. 또 보자고 대답해서 미안해. 내 좋은 친구가 되어줘서 고마워.'

오늘도 나는 소리 내지 않고 어두운 방에서 울다 잠들었다.

빛이 들어오지 않는 어두운 방. 여기가 내 방이었다. 여기서 눈을 뜨는 것도 오늘이 마지막이겠지, 하고 생각했다. 그리고 지긋지긋한 오빠의 일방적인 폭행 소리에 방문을 박차고 나갔다. 진혁이 오빠가 또 트집을 잡아서 진호를 때리고 있었다.

"오빠 그만해! 왜 자꾸 애를 때려?"

나는 일단 오빠와 진호를 빠르게 떼어놓았다.

"쟤가 계속 컴퓨터 안 비키잖아."

진혁이 오빠가 말했다. 내 미간이 구겨졌다. 얼토당토않은 이유라고 생각했다.

'저 오빠는 정말 18살이 맞을까? 그냥 적당히 이유를 잡아서 폭력을 행사하고 싶은 쓰레기 새끼야. 엄마나 아빠나 이 새끼나 똑같아.'

"에휴, 애 좀 그만 때려. 진호야, 방에 들어가. 자, 이제 됐지? 그냥 이제 오빠 컴퓨터 해."

오빠는 내가 무슨 생각을 하는지 모를 것이다. 내가 무슨 계획을 세웠고 왜 그랬는지도 모를 것이다. 나는 그런 생각과 동시에 진호의 걱정을 하기 시작했다. 내 유서를 가장 먼저 발견하는 게 오빠라면 큰일이었다. 그렇다면 유서는 사라지고 진호는 그대로 이 집에서 지내게 될 터였다. 복잡한 머릿속과 함께 나는 다시 방으로 들어왔다. 나는 나를 위해서 죽지만 진호는 어떻게 될지 모르는 일이었다. 조금 더 생각해 볼 필요가 있는 것도 같았다. 하지만 나는 곧 느꼈다. 내가 두렵다는 걸. 나는 지금 진호를 핑계로 내 죽음에서 도망치고 있다는 걸 눈치챘다.

"아, 안 되는데. 죽어야 하는데…"

내가 죽으려고 한 건 이번이 처음이 아니었다. 초등학교 2학년, 2층 건물 창문에서 뛰어내릴까 고민했고, 언제나 차도로 뛰어들고 싶었고, 중학교 2학년 때 약을 잔뜩 먹은 적도 있었다. 그리고 항상 내가 죽지 않은 걸 후회했다. 하지만 동시에 죽지 않아서 다행이라고 느끼기도 했었다. 아주 가끔이었지만. 나는 또다시 후회할 길을 선택하고 싶지 않았다. 두려움에 쫓겨 후회할 선택을 하고 싶지 않았다. 그래도 선택을 조금 미루는 건 괜찮지 않을까 생각하며 나는 나를 달랬다. 오늘, 나는 죽지 않았다.

# 단 한 번의 믿음

나는 살아있었다. 팔의 상처로 겨우 감각을 느끼며 하루하루를 의미 없이 허비하는 듯했다. 학교를 꼬박꼬박 나가는 게 신기할 정도였다. 여느 때처럼 학교 갈 준비를 하고 있었다. 나는 머리를 빗으며 생각했다.

'사람이 많은 곳에 내 발로 가야 한다니, 끔찍해.'

그때, 방 밖에서 진호의 비명이 들려왔다.

'지겹지도 않나. 이젠 놀랍지도 않고. 또 진호 트집 잡아서 때리고 있겠지.'

나는 방문을 벌컥 열곤 소리쳤다.

"아 또 무슨 일인데? 애를 왜 자꾸 때려?!"

오빠가 또 시답잖은 핑계를 대며 진호를 심하게 때렸다.

"얘가, 내, 바지, 입고, 안, 빨아, 놨잖아."

말하는 도중에도 오빠는 진호를 계속 때리고 있었다.

'사람이 어떻게 저럴 수 있지?'

나는 지쳐있었다. 더 이상 말릴 힘도 없었고 그냥 주저앉아 울고 싶은 마음만 들었다.

"악!! 아악!!"

진호가 소리를 질렀다. 나는 그 소리를 듣기 너무 힘들어서 방문을 닫고 외면할까 잠시 생각했다. 하지만 그럴 순 없었다. 폭력을 외면하는 행동이 얼마나 잔인한지 나만큼은 너무도 잘 알고 있었다. 전학을 다닐 때마다 학교에 가서 우리 집 상황에 대해 상담했던 경험이 생각났다. 그렇게 많은 학교에 다녔음에도 선생님들은 아무런 조치를 취하지않고 내게 상담만 해주셨던 기억이 있었다.

'폭력은 외면해선 안 돼. 절대로.'

"오빠! 그만!"

나는 그래도 미처 나서진 못하고 방 안에 서서 소리쳤다. 그때 생각지도 못한 말이 진호의 입에서 튀어나왔다.

"형은 왜 자꾸 나 때려? 그냥 바지 빨아달라고 말하면 되잖아!"

나는 화들짝 놀랐다. 오빠는 저렇게 말하면 우리를 더 때린다는 걸 진호도 알고 있었다.

'그런데 왜…?'

오빠가 그 말을 듣자마자 진호를 더욱 심하게 때리면서 소리쳤다.

"네가 잘못했으니까 그러는 거 아니야!!! 네가 잘못만 안 하면 때릴 일도 없잖아!!!"

나는 순간 화가 나서 오빠를 노려봤다.

'이건 가스라이팅이잖아. 엄마나 아빠가 했던 가스라이팅과 똑같아.'

가정폭력은 대물림된다고 했던 말을 떠올렸다. 진혁이 오빠도 그랬던 걸까 잠시 고민을 하다가 모두에게 그런 것은 아니라는 결론을 내렸다. 나는 알고 있었다. 나 또한 피해자고 진호 또한 피해자지만 우리 둘 다 진혁이 오빠와 똑같은 행동을 하고 있진 않다는 것을. 내가 여러 가지 생각을 하는 동안 진호는 끝없이 말하고 있었다.

"형 나 맨날 약점 잡아서 협박하고 그랬잖아. 맨날 때리고, 그만 좀 해!!"

'얼마나 그랬으면 매일 맞고만 있던 애가 저렇게 소리를 질러. 진짜 미친놈.'

아마 진호는 끝도 없이 참고 있던 것처럼 보였다. 그걸 내 앞에서 말했다는 것은 더 이상 참을 수 없고, 더 이상 견딜 수 없다는 의미로 들려왔다. 나는 순간적으로 멍하니 서 있는 오빠를 제치고 진호를 끌어당겨 내 방으로 데려와서 재빨리 방의 문을 잠갔다. 오빠가 정신을 차리곤 문을 쾅쾅 두드리기 시작했다. 나는 생각했다.

'우리가 안전한 곳은 집이 아니야. 언제나 그랬어. 우리는 집을 나가야 해. 우리가 제일 안전할 수 있는 곳은 학교야. 학교로 가야 해. 사실 학교에 얘기하고 나서 보호받아 본 적은 없지만 이렇게 된 이상 말씀드리는 수밖에 없어. 우리를 공격한 것도 어른이지만 동시에 보호해줄 수 있는 것도 어른뿐이야. 한 번만, 단 한 번만 더 믿어보자.'

나는 그 어느 때보다 침착했고 냉정했다. 내 생각은 빠르게 돌아갔다. 나는 진호의 얼굴을 물티슈로 닦고 로션을 손에 짜주곤 말했다.

"누나 오늘 위클래스 가서 다 얘기할 거야. 괜찮겠어?"

진호가 고개를 끄덕였다.

"어찌 됐든, 오빠도 학교는 가야 하니까 곧 나갈 거야. 오빠 나가고 나면 우리도 그때 학교로 가자. 알겠지?"

쾅쾅거리던 문이 잠잠해지고 대문이 열렸다 잠기는 소리가 난 뒤, 진호와 나는 방 밖으로 나갔다. 여전히 나는 죽고 싶다고 생각했다. 하지만 지금은 그것보다 도움을 청하는 게 더 중요했다. 학교 갈 준비를 마치고, 나는 굳은 표정으로 학교를 향했다. 평소와 달리 거리를 걷는 내 마음은 도로에 뛰어들고 싶은 마음이 아닌 사건을 정리하는 마음이 되어 있었다. 학교에 도착한 나는, 진호를 무사히 교실로 데려다주고 위클래스로 달려갔다. 상담 허가서를 받아들고 담임선생님께 가져다드리자 떨리는 마음이 밀려왔다. 심장이 미친 듯이 뛰었다. 위클래스 상담실 앞에 서서 숨을 한번 깊게 쉬고, 나는 문을 열었다. 선생님이 주신 상담의 기본이 되는 설문지에 여러 가지를 체크했다. 자해, 자살, 가정폭력… 설문지를 제출한 후에 나는 어쩌다 오게 됐냐는 선생님의 말씀에 쉽사리 입을 뗄 수 없었다.

'어디서부터 말해야 할까, 무엇이 문제였을까.'

나는 오랫동안 고민했다. 선생님 앞에 앉아서 한참 동안 눈물을 흘렸다. 그동안 겪은 일들을 계속 생각하다 보니 서러워서 계속 눈물이 났다.

"죽으려고 했어요."

내 첫마디는 그거였다. 그 첫마디를 시작으로 내가 죽으려고 한 이유, 우리 집에 만연했던 폭력, 오빠가 한 만행들, 내가 짊어져 왔던 집안일들, 그리고 동생의 절규까지 한참을 걸쳐서 선생님께 말씀드렸다. 말을 원활하게 이어갈 수 없었다. 너무 서러워서 계속 울면서 말을 해야 했다. 하도 눈을 비벼서 눈가가 쓰렸다. 마음이 너무 아팠다. '나 이렇게 아파요.'하고 말해본 일이 얼마만 인지 기억도 나지 않았다. 아팠다. 가슴이 너무 아렸다. 말하던 도중, 중학교 1학년 때가 생각났다. 가출한 뒤 나를 도와주실 거라고 믿었던 선생님께서 나를 다시 집으로 돌려보내 버린 그 일이 생각났다. 중학교 2학년, 죽으려고 한 뒤 위클래스에 갔던 나를 집에서 꺼내주진 않고 상담만 시켜주신 선생님이 생각났다.

'이번에도 도움받지 못할 수도 있어.'

그런 생각이 들어도 내 이야기는 멈추지 않았다.

'이번에는, 이번만큼은 도움받아야 해.'

나는 한참을 울며 이야기했다. 그동안 울고 싶어도 울 수 없었던 세월이 무색하게 울음을 토해냈다. 나는 우는 것에 익숙하지 않아서 엉엉 울 수 없었다. 그래도 하염없이 눈물을 뚝뚝 흘렸다. 선생님은 나를 달래주시더니 조치를 취해주시겠다고 하시고는 나를 교실로 돌려보내셨다. 교실로 올라가는 동안 만감이 교차했다.

'정말 내 일상이 변할 수 있을까? 이번에도 의미 없는 상담은 아니었을까? 아무것도 변하지 않으면 어쩌지? 괜히 말한 건 아닐까?'

머릿속이 복잡했다. 하지만 이번에는 변할 수 있으리라는 실낱같은 희망을 품었다. 조금은 들뜨고 후련한 마음으로 나는 교실로 올라갔다.

# 탈출

학교가 끝나고 나는 혼란스러웠다.

'그냥 이대로 집에 가나? 조치를 취해주시겠다고 하셨는데…'

절망감과 허망함을 안고 집으로 향하려는 그때 전화 한 통이 울렸다. 모르는 번호였지만 일단 받았다.

"여보세요?"

상담 선생님이었다.

"혜인아, 연락 기다렸지? 갑작스럽겠지만 집에 가서 동생이랑 짐 싸. 집에 너랑 동생 데리러 아동보호전문기관 선생님들께서 찾아가실 거야. 너무 놀라지 말고. 너희랑 오빠랑 분리하는 게 먼저라고 판단했어. 알겠지?"

선생님께서 침착하게 말씀하셨다.

"네, 가서 짐 쌀게요. 감사합니다."

갑작스러운 전화였다. 전화가 끊기고 형용할 수 없는 감정이 들었다. 이건 그동안 매일 느껴왔던 슬픔도, 억울함도, 우울함도, 절망감도, 허망함도 아니었다. 이 감정은 희망이었다.

'진짜야 이거? 정말로? 나 집에서 나갈 수 있어? 드디어. 이제야. 진짜로 이제야.'

무언가 변해가고 있다는 이 감각은 나를 눈물이 날 정도로 기쁘게 했다.

'드디어 변했어. 변할 거야. 내 발버둥이 의미가 있었어. 내 발걸음이 이 결과를 만들어 낸 거야. 죽지 않길 잘했어.'

죽지 않길 잘했다는 생각을 진심으로 했다. 진심으로. 나는 그래서 달렸다. 집까지 쉬지 않고 시원하게 달려갔다. 발걸음이 어느 때보다 가벼웠다. 집까지 빠르게 달려 진호에게 이 소식을 전했다. 다행히 오빠는 집에 와 있지 않았다. 집에 아동보호전문기관 선생님 두 분이 오시고, 진호와 나에게 우리 집 사정을 물어보셨다. 나는 생각했다.

'집에서 나가면 이 이야기를 수도 없이 많은 사람에게 해야 하겠지. 엄마는 이 얘기들은 하면 안 되는 이야기라고 했었어. 그래서 내가 평생 숨겨온 이야기들을 꺼내는 건 결코 쉬운 일이 아닐 거야. 하지만 각오해야 해.'

사실은 매일 상상해온 일이기도 했다. 모두가 이 일을 알게 되고 나는 이 집에서 탈출하게 되는 아주 이상적인 시나리오. 몇 번을 말해도 힘든 이야기였지만 집에서 나갈 수 있다는 희망을 안고 나는 입을 뗐다. 기관 선생님들은 내 이야기와 동생의 이야기를 들어보시더니 짐을 싸라고 하셨다.

'아, 드디어 집을 떠나는구나. 꿈만 아니길. 허망한 상상만 아니길.'

나는 짐을 간단히 추렸다. 그리곤 선생님들을 따라 집 밖으로 발을 뗐다. 항상 나서던 집 문이었지만, 드디어 마지막이라고 생각하니 속이 다 후련했다. 이제는 벗어날 수 있다는 생각에 내 앞길이 기대됐다. 내 미래가 기대된 순간이 얼마 만인지 몰랐다. 앞으로 내 미래만 생각하며 행복한 앞날만 걷자는 마음으로 집에서 등을 돌렸다.

2부

그 후의 이야기

# 진술

집을 나와 동생과 나는 아동센터로 가게 되었다. 아동센터에 도착하자 커터 칼 등의 위험 물품들을 반납하고 여러 가지 확인 절차들을 거쳤다. 샤워를 하자 현실감이 조금씩 돌아왔다.

'아, 꿈이 아니었어. 진짜야. 진짜로 나온 거야, 그 집에서.'

동시에 팔이 조금씩 쓰려왔다. 이전에 내가 내게 냈던 상처들을 보며 나는 생각했다.

'내가 이만큼 아팠어. 이것보다 더 아팠어. 난 잊지 않을 거야. 앞으로 더 행복하게 살 수 있어.'

새로운 다짐을 다졌다. 꼭 행복하게 살자는 다짐을 한 채로 나는 이젠 앞만 내다보기로 했다.

아동보호전문기관 선생님들께서는 자주 나를 찾아오셨다. 종종 나에게 아빠랑 다시 살고 싶은 생각이 있는지 물어보시곤 하셨다.

"아니요. 절대 싫어요. 여기 있을래요."

나는 단호하게 말했다. 정말로 싫었다. 이런 행복함을 경험해놓고, 이렇게 희망을 줘 놓고 집으로 나를 돌려보낸다면 나는 차라리 자살할 생각이었다. 다행히 선생님들은 반대하는 나를 집으로 돌려보낼 것 같지는 않아 보였다.

"그래, 여기선 네 의사가 가장 중요해. 네가 싫다고 하면 하지 않을 거니까 너무 걱정하지 마."

나는 안도했다. 그리고 놀랐다.

'내 의사가 중요하다니… 그런 말을 내가 살면서 몇 번이나 들어봤더라. 이게 보통의 사람이 받는 배려일까.'

선생님들은 멍하니 있는 내게 말했다.

"혜인아, 진호와 네가 여기 올 때 부모님과 너희 오빠에 대해서 신고 접수가 됐거든. 그래서 경찰서에 가서 나중에 네가 겪었던 일들을 말해야 할 수도 있는데 할 수 있겠어?"

나는 속으로 신이 나서 쾌재를 불렀다. 이 이상 만족스러운 결과도 없었다. 신고 접수가 되었다면 더 이상 엄마 아빠와 마주칠 일도 없을 듯했다. 이제 정말로 자유의 몸이 되는 것이었다.

"네, 할 수 있어요."

나는 단호하게 대답했다. 한 번도 이렇게 자세한 상황을 상상해 본 적은 없었다. 내가 집에서 어떻게 나갈 수 있을지 알 수 없었기 때문이었다. 하지만 엄마와 아빠를 마주치지 않을 수 있다면, 내가 그걸로 행복해질 수 있다면 백 번이고 천 번이고 말할 수 있을 것만 같았다.

아동센터로 오게 되자 나는 전학도 가게 되었다. 그리 오래 있었던 학교도 아니었지만, 인사를 할 때 눈물이 났다. 오빠와 아빠의 탓으로 내가 쫓겨나듯 학교에서 떠난다는 것이 억울했기 때문이다.

나는 경찰서에 가서 진술하기 위해 연습장에 사건을 정리하기 시작했다. 일단 시간순으로 학교들을 정리해 봤다. 그리고 큰 사건들을 연습장에 적었다. 엄마가 나를 때린 도구들, 위협한 것들, 때린 이유까지 수시로 정리하다 보니 힘들었고 엄마가 너무 미웠다. 아빠가 나한테 한 행동들도 생각해봤다. 아빠는 딱히 한 일이 없는 것 같았다. 그냥 방관했다. 나는 여자라는 이유로 때리지 않았지만, 가끔 화가 나면 동생과 오빠를 심하게 때리기도 했다. 나는 오빠한테 더 화가 나는 듯했다. 나는 계속 떠오르는 단어들을 적었다.

*북채, 구두, 스크래치, 소파 기둥, 식탁 강화유리, 스카프, 전공 책, 엄마 가방, 불, 식용유 밥, 겨울, 마당, 무릎 꿇기…*

너무 힘든 기억들이 떠올랐다.

*해야만 해. 해야만 해. 해야만 해. 해야만 해.*

하기로 했다. 그렇게 마음먹은 이상 해야만 했다. 사건을 정리하는 것도 모자라 생각하기도 버거웠는데 어느새 경찰서로 가야 하는 날이 왔다.

 경찰서로 발을 들이자 진호와 나는 서로 다른 방에 들어가게 됐다. 나는 꽤나 긴장해서 그런지 손이 떨렸다. 나는 물어보는 말에 잘 대답하기로, 그리고 내가 기억하는 것 모두 빼먹지 않고 대답하리라 마음먹고 자리에 앉았다.

 '하나도 잊지 않아. 그들이 한 만행 모두.'

 경찰이 내게 물었다.

 "기억나는 대로 말해주시면 돼요. 긴장하지 마시고."

 나는 숨을 작게 내쉬고 떠올렸다. 엄마가 했던 모든 일을. 식용유에 비벼준 밥, 쓰러지기 직전까지 나를 무릎 꿇리고 북채로 때리며 컴퍼스로 찌른 팔, 매일 나에게 시킨 서류 작업, 집안일들. 사실 맞는 게 일상이었는데 모두 말하라고 한다면 나는 무엇을 말해야 할까 잠시 고민했다.

 '이런 걸 고민해야 한다니.'

 여러 가지 일에 대해 말하던 도중 나는 내가 가진 기억 중 가장 끔찍한 기억을 떠올렸다.

 불장난을 하던 도중 엄마가 집에 들어왔다. 등에 식은땀이 흘렀다. 불 때문인지 엄마 때문인지 모를 식은땀이.

"따라와."

엄마가 화가 난 표정으로 나를 끌고 거실로 갔다. 엄마가 촛불을 가져왔다. 불길한 감각이 나를 자꾸 스쳐 지나갔다. 엄마에 초에 불을 붙였다.

"꺼. 손만 써서."

엄마가 내 손을 불에 갖다 대려고 끌고 갔다. 울음이 났다. 미치도록 무서웠다. 손에 열기가 피어올라 뜨거웠다. 손에 자꾸만 땀이 났다. 온몸이 덜덜 떨렸다. 불안했다. 미치도록 불안했다. 엄마가 너무 무서웠다. 나는 손에 힘을 줘봤지만, 손이 갈수록 불에 가까워졌다. 나는 다급하게 바람을 후 불어서 촛불을 껐다. 엄마가 내 뺨을 때렸다. 엄마가 나를 가스레인지 앞으로 데리고 가려고 했다. 나는 온몸에 힘을 줘서 끌려가지 않으려고 했다. 결국 나는 크게 울음을 터뜨렸다.

"엄마, 잘못했어요!! 다시는 안 그럴게요!! 궁금해서 그랬어요!! 잘못했어요!! 잘못했어요!!!"

엄마는 아랑곳하지 않고 나를 가스레인지 앞으로 끌고 갔다. 엄마는 가스 불을 켰다.

"엄마!! 엄마!!! 잘못했어요!!!"

나는 계속 울었다. 입으로 불어봤지만 꺼지지 않았다. 꺼질 리가 없었다. 손이 너무 뜨거웠다. 뜨거웠다. 뜨거웠다. 엄마에게 계속 잘못했다고 소리를 질렀다. 팔에 계속 힘을 줬다. 불이 너무 무서웠다. 엄마가 너무 무서웠다. 엄마가 불에 내 손이 닿기 직전 나를 놔주었다. 나는 뒤로 나동그라졌다.

바깥으로 내쫓겼다. 온몸에 피멍이 들 때까지 한참을 맞았는데도 엄마의 분이 풀리지 않았는지 속옷만 입혀진 채로 이 한겨울 날에 나를 내쫓았다.

'이게 말이 되나? 딸을 이 겨울날에? 망할. 우리 집엔 마당이 왜 있는 거야. 아파트였으면 이런 벌은 없었을 텐데. 아. 아아아아아.'

생각을 하다가도 살을 에는 추위에 나는 몸을 덜덜 떨기 시작했다. 그나마 내 긴 머리가 어깨를 엎어주어 그 부분만 따뜻했다. 몸의 피멍이 프겁다가도 추위에 다시 차갑게 아파왔다. 설상가상으로 눈이 오기 시작했다. 반쯤 포기한 나는 여러 가지 생각을 하기 시작했다.

'그냥 제가 잘못했어요. 아, 추워. 그냥 이대로 얼어 죽는 게 더 낫지 않을까. 하느님, 이대로 죽게 해 주세요. 아…'
'엄마, 이럴 거면 왜 나를 데려왔어요?'

내 생각의 정적을 깨듯 베란다 창문이 드르륵 열리는 소리가 들렸다. 엄마였다. 나는 뒤를 돌아볼 힘도 없이 덜덜 떨고 있는 순간, 내 몸의 모든 감각이 소리를 질렀다.

"헉…"

재빨리 숨을 들이마셨다. 엄마가 내 몸 위로 찬물을 끼얹었다. 영하의 기온이어서 순간 따뜻했지만, 다시 내 몸은 얼어붙기 시작했다. 팔짱을 끼고 어떻게 든 버티기 위해 덜덜 떨어보았다. 머리카락이 얼어가기 시작했다. 눈을 질끈 감고 온몸에 힘을 꽉 줬다. 무언가를 생각할 틈도 없었다. 그저 머릿속으로 단 말마의 비명만 지르고 있었다. 시간이 느리게 흘렀다. 덜덜 떨고 있을 때 문이 열렸다. 엄마의 들어오라는 말에 언 다리를 이끌고 비틀비틀 들어갔다. 안에서 겨우 몸을 녹이고 씻고 이불 안으로 들어가자 이성이 돌아왔다.

'나 지금 무슨 짓을 당한 거지?'

감각이 돌아오며 저린 손발이 내 정신을 깨워줬다. 항상 강제로 맞고 내쫓기고… 언제나 있던 일이었다. 익숙해져야 했다. 눈물이 났지만 받아들이기로 했다.

'엄마니까. 그래도 엄마니까…'

'그런데, 그럴 거면 날 데려오지 말았어야죠.'

진호와 나, 진혁이 오빠는 입양아였다. 엄마는 항상 그걸 입에 달고 살았다. 하지만 밖에 나가서는 절대 말하지 못 하게 했다. 또, 어떤 잘못을 하면 파양시켜버리겠다는 말을 위협으로 쓰기도 했다. 그걸 무서워하며 아무 말도 하지 못했던 내가 생각났다.

'바보 같네. 근데 그냥 파양시켜달라고 했으면 더 맞았겠지.'

나는 경찰에게 떠오른 기억을 모두 말했다. 과거의 기억을 기억나는 대로 전부 말했다. 경찰은 키보드를 계속 두드리고 있었다. 나는 덜덜 떨리는 손을 꽉

맞잡으며 기억을 토해내듯 말했다. 말해야만 한다는 생각 하나로 전부 말했다. 진술이 끝나고 밖으로 나오자 이제야 모든 것이 끝났다는 후련함이 들었다.

# 진단

센터 선생님과 함께 병원을 가는 날이었다. 전체적인 신체검사부터 시작해서 혈액검사, 상처 치료를 했다. 마지막으로 간 곳은 정신건강의학과였다.

'항목이 참 많다…'

나는 수없이 많은 항목을 체크하며 이런저런 생각을 했다. 언젠가 내가 우울증이 아닐까 생각했던 적이 있었던 것 같은데 병원에 가자고 말하는 건 관뒀던 기억이 있었다. 아빠와 함께 살던 때였는데 아마 날 미친년이라고 말할 것 같았다. 검사를 빠르게 이어나갔다. 검사를 마치고 나서 의사 선생님께서는 결과가 일주일쯤 뒤에 나오니 그때 다시 와달라고 말씀해주셨다. 나는 일주일 후를 기다리기로 하며 선생님과 함께 센터로 돌아갔다.

결과가 나오는 날, 떨리는 마음으로 병원 안 의자에 앉았다. 선생님이 결과지를 부스럭거리면서 꺼내셨다. 여러 가지 그래프들이 오락가락 위아래로 그려져 있었다. 의사 선생님이 옆에 앉아계신 선생님을 쳐다보며 말씀하셨다.

"진단명은 우울증입니다. 지금 보시면 평균선이…"

착잡했다. 그 집에서 벗어났는데 왜 나는 우울한지 생각했다.

'어느 정도는 예상했어. 그래도 이제는 나 행복해야 하지 않나.'

의사 선생님은 계속 말씀을 이어나가고 계셨다. 평균치에 비해서 내 그래프가 꽤 떨어져 있다고 이야기하고 계신 듯했다.

"하나 더 있는 건 PTSD에요. 외상 후 스트레스성 장애. 아마 집에 있었던 일이 트라우마가 된 것 같네요."

'들어봤어. 큰 트라우마가 될 일을 겪은 사람들에게 생기는 질환이라고.'

울고 싶었다. 가해한 사람들은 그들인데 왜 이렇게 후폭풍을 겪고 힘들어하는 사람은 나여야 하는 건지 이해가 가지 않았다. 억울했다.

'나만큼 그들도 힘들었으면 좋겠어. 차라리 그 사람들이 죽어버리면 내가 좀 더 나을까.'

나는 속으로 저주를 퍼부었다. 그들이 행복한 꼴은 보기도 싫었다. 나는 죽고 싶었다. 우울했다. 무기력함이 날 일어서지 못하게 만들었다.

# 재판

아동보호전문기관 선생님께서 오빠의 재판 날짜를 전해 주셨다. 나는 바로 전날까지도 갈지 말지 고민했다. 가면 내가 괜히 상처받을 것 같았다.

'오빠 재판이 있는지 차라리 몰랐으면 좋았을 텐데.'

나는 잠시 걱정에 빠지기도 했다.

'오빠가 무죄 판정을 받으면 어떡하지? 사실 우리보다 잘 지내고 있으면 어떡해. 그건 정말로 싫은걸.'

재판에 가서 차라리 상처받고 싶었다. 그렇게 오빠로 인해 상처받아서 오빠가 더 나쁜 사람이 되길 바랐다. 그래서 마음껏 저주하고 싶었다. 법원으로 향하는 버스에서 옛날 일들을 떠올렸다. 뻔뻔히 잘 지낼 오빠를 생각하니 가증스러웠다. 오빠 이름이 써진 재판소 앞에서 나는 미간을 구겼다.

'나쁜 놈. 평생 감옥에서 썩어도 모자랄 놈.'

그렇게 생각하던 중, 아빠와 오빠가 복도 끝에서 걸어왔다. 나는 둘과 같은 공기를 마신다는 것만으로도 분노가 차올랐다. 잠깐 동안 둘을 바라보던 시선을 다시 허공으로 돌렸다. 이어폰을 끼고 노래를 틀었다. 말을 걸면 못 들은 척하고 싶었다. 그때, 아빠가 내게 말을 걸었다.

"한 번만 선처해주면 안 되겠니."

 이 사람들은 본인이 불리해질 때만 말을 걸고 사과한다. 내가 오빠의 SNS에 오빠가 한 일들을 까발리자 그제야 내게 사과를 한 오빠가 생각났다. 오빠도 절대 먼저 사과하지 않았다. 자신의 입지가 불리해질 때만 사과하는 사람들이 이 사람들이었다.

"개소리하지 마요."

 나는 그렇게 말하고 다시 눈을 감았다. 속에서 표현할 수 없을 만큼의 분노가 차올랐지만 참아냈다. 아빠와 오빠를 보지 않는 것이 답이라고 생각했다. 이제 와서 내게 날카롭지 않은 말투로 말을 거는 모습이 너무 힘들게 다가왔다. 나는 휙 재판소로 들어가 버렸다.

 오빠가 불려 나가고 판사님이 무어라 말씀을 하셨지만, 내 귀에는 들리지 않았다. 그저 '오빠가 법의 심판을 받는구나.' 쯤으로 생각했다. 끝나자마자 나는 그들보다 빨리 재판소에서 빠져나왔다. 모든 게 끝났다는 기분에 후련했다. 그런데 왠지 눈물이 났다. 오빠는 판결을 받고 사건을 마쳤지만 나는 무언가가 남아있었다. 나는 아직도 힘든데 오빠와 아빠는 멋대로 이 일을 끝마쳐 버렸다. 사건 뒤에 버려진 나는 혼자서 서 있었다.

# 자서전

학교에서 국어 시간에 수행평가가 있었다. 내 일생을 적은 자서전을 한 시간 안에 적어서 제출해야 했다. 미리 공지해주시긴 하셨지만 꽤나 어려운 주제에 친구들은 골머리 썩는 듯했다. 나도 그랬다. 하지만 친구들과는 조금은 다른 이유로 머리가 아팠다.

"선생님, 제 인생은 평범한데요!"
"쌤! 적을 게 없어요!"

친구들이 외치는 도중에도 나는 생각했다.

'이걸 전부 다 써도 괜찮을까.'

나는 잠시 망설이다 정리를 하고 앞으로 있을 수행평가의 준비를 했다. 그리고 거침없이, 감정의 중심에 서서 적어 내려가기 시작했다.

〈책임의 소재〉
다른 친구들은 평범하게 태어나서 평범한 집안에서 자라 부모님과 함께 여러 가지 일을 하며 행복하게 살아왔겠지만 나는 그렇지 않다. 나는 입양아다. 시작부터 평범하지 않았던 이 삶은 그래도 부모님께 사랑 듬뿍 받고 자랄 거라 기대했지만, 아니었다. 입양 당했고, 학대당했다. 별것도 아닌 걸로 트집잡혀서 맞기만 했던 유년 시절은 불행했다. 엄마에게 내가 한 게 아니라고 화도 내봤지만, 오히려 더 맞기만 할 뿐이었다. 가정의 불화는 숨겨야 할 것이었고 내가 맞는 일은 정당한 일이었다. 나는 무엇이 문제인지 생각하기 시작했다. 내가 맞는 이유는 무엇이며, 내가 무엇을 잘못했는지 한참을 고민했다. 문제는 단 하나였다. 그저 내가 태어난 것이 문제였다는 결론을 내렸다. 절망스러웠고, 바보 같았다. 모든 걸 해결하고자 나는 문제의 원인을 없애기로 마음먹었다. 그렇게 열려있는 아파트 옥상 문을 찾고, 준비해 나가는 사이 저 절망의 진짜 원인에서 빠져나갈 열쇠가 내 손에 들어왔다. 사실은 알고 있었다. 무엇이 문제이며 무엇이 원인인지. 그저 나는 시야가 좁아 나만을 탓했고 결국 나의 목을 졸랐을 뿐이다. 나는 탈출했다. 하지만 탈출한 나는 여전히 행복하지 않고 여전히 죽음의 문턱 앞에 서 있다. 누구 때문일까.

감정을 꾹꾹 눌러 담아 눈물을 참고 자서전 수행평가를 써서 제출했다. 내 자서전을 읽더니 국어 선생님께서 고개를 끄덕이셨다.

'무슨 의미지. 이상하게 보시는 건 아닐까.'

만감이 교차하는 순간 선생님과 눈이 마주쳤고 선생님께서는 여느 때처럼 개구쟁이 같은 웃음을 지어주셨다. 그 미소를 약간의 위로삼아 안심하고 있을 즈음 쉬는 시간 종이 쳤다.

"혜인아, 잠깐 선생님 좀 보자."

가슴이 철렁했다. 무슨 일일까 하고 두근거리며 교실 문밖으로 나가 선생님을 마주했다.

"수고했어."

선생님이 나를 안아주며 말해주셨다.

'아, 울면 안 되는데…'

나는 태연하게 웃음 지으며 감사하다고 대답하곤 교실로 돌아와선 책상에 엎드렸다. 눈물이 뚝뚝 떨어졌다. 그 흔한 수고한다는 한마디가 얼마나 듣고 싶었는지, 얼마나 필요했는지. 나는 그동안 왜 저 말을 듣고 싶은 사람에게 듣지 못했는지 생각했다. 서러웠지만 그런 마음들은 이내 선생님의 수고했다는 한마디에 사라져버렸다.

# 꿈

  중학교 3학년이 끝나갔다. 고등학교를 준비할 시기가 되자, 묻어뒀던 나의 꿈이 떠오르기 시작했다. 내가 잊고 있었던 듯했지만, 한순간도 놓지 않았던 그림을 생각했다. 나는 이전부터 계속 그림을 그리고 싶었다. 그리고 미술 선생님이 되어 나와 같은 처지에 있는 학생들을 도와주고 싶었다. 예술 고등학교에 가고 싶었다. 입시 준비를 하기에는 늦었다는 걸 누구보다도 잘 알고 있었다. 나는 담임선생님과 미술 선생님을 찾아가서 사정을 설명했다. 예술 고등학교에 가서 미술을 전공하고 미술 선생님이 되고 싶다는 점, 미술 선생님이 되어서 비슷한 처지의 친구들을 도와주고 싶다는 점을 말하니 선생님들께서는 방법을 찾아보겠다고 말씀하셨다. 며칠 지나지 않아, 담임선생님께서는 학비가 들지 않는 소수 인원의 예술 고등학교를 내게 추천해주셨다. 가슴이 벅차올랐다. 잊고 있었던 내 꿈을 이루기 위해 애써주신 선생님께 감사했고, 이렇게 열리는 길이 믿기지 않았고 자유를 느꼈다. 꿈꾸지도 못하는 과거와는 많은 게 변했다고 생각했다.

  나는 미술 선생님의 도움을 받아 실기 준비를 하기 시작했다. 그림 실력은 좋지 못했지만, 성적이 좋은 편이라 수월하게 입학을 준비할 수 있었다.

'엄마가 공부하라고 했던 게 이럴 땐 도움이 되네.'

딱히 엄마 덕이라고 생각하진 않았지만, 공부해 놓았던 과거가 뿌듯했다. 열심히 준비한 덕인지 나는 예술 고등학교에 합격했고, 타지로 예술 고등학교를 다닐 수 있게 되었다. 나는 조금씩 자유를 느꼈다.

'더 이상 내 꿈에 엄마나 아빠의 영향을 받지 않아도 돼. 다행이야. 난 이제 자유야.'

# 반성문

고등학교에 입학하자, 학교 사감 선생님께서는 학생들에게 규칙을 나열하기 시작하셨다.

"에… 그러니까. 선배들 말 잘 들을 것, 숙소에서는 휴대폰 사용 금지, 취침 시간 엄수, 치마는 발목을 덮는 것 외에는 금지, 반바지 금지, 레깅스 금지, 잔반 없이 급식 먹을 것. 등등… 선배들에게 물어봐서 참고하시길 바랍니다."

나는 꽤 당황스러웠다. 아무리 기숙사 학교라지만 이렇게까지 하는 이유를 잘 이해할 수 없었다. 답답했다. 말만 들었는데 숨이 막혔다. 사실 견디고자 하면 견딜 수 있었지만 나는 불공정하다고 느꼈다. 나의 권리가 침해받는 느낌을 견딜 수 없었다. 그래서 몇 번 선생님께 부당하다고 이야기도 해보았지만, 선생님은 들어주시지 않았다.

'어렵게 들어온 학교니까, 열심히 다녀보자.'

그런 내 생각이 무색하게도, 친구들과 나의 실력은 차이가 너무 크게 느껴졌다. 고민하는 시간이 길었지만, 그만큼의 결과물이 나오는 것도 아니었고, 뭐

어나게 창의적인 아이디어를 내는 것도 아니었다. 갈수록 나는 자신감을 잃어 갔다. 한동안 상처 하나 없이 깨끗했던 내 팔은 다시 상처가 하나둘 늘어가기 시작했다. 가만히 있어도 심장이 빨리 뛰는 듯했다. 식은땀이 나거나 머릿속에 울리는 비난이 점점 커졌다.

 기숙사에서 자는 어느 날 밤에, 나는 잠 들 수 없었다. 눈물이 나려고 했다. 무슨 일이 있는 건 아니었다. 손이 떨렸고, 식은땀이 났다. 자해하고 싶었다. 당장 뛰쳐나가서 소리를 지르고 싶었다. 나는 불이 꺼진 기숙사에서 벌떡 일어나서 만년필 펜촉을 꺼내 들었다. 최대한 날카로운 펜촉을 꺼내 들고 팔에 죽죽 그어댔다. 친구들과 선배들이 그 소리를 듣던, 듣지 않던, 상관하지 않았다. 당장 이 고통이라도 있지 않으면 내 마음속의 고통에 질식당해 죽을 것만 같았다. 나는 한참을 그러고 서 있다가 한숨을 내쉬고 다시 자리에 누웠다. 피가 나지는 않았지만 빨갛게 부어올랐을 모습이 느껴졌다. 견딜 수 없었다. 한참을 뜬 눈으로 멍하니 침대 천장을 바라보다 잠들었다.

 다음 날, 수업시간에 견딜 수 없어서 결국 학교 화장실에서 자해했다. 팔보다 가슴 안쪽이 더 아파서 가만히 있을 수 없었다. 너무 고통스러웠다. 소리를 내서 울고 싶었지만 그럴 수가 없었다. 울지 말라는 엄마의 말이, 소리 내지 말라는 엄마의 말이 그대로 버릇이 되어 버려서 나는 소리 내서 울 수 없었다. 그냥 눈물만 흘리던 그때, 누군가 화장실 문을 두드렸다. 고등학교에서 친해진 친구 보라였다.

 "너 뭐해? 문 좀 열어봐. 빨리!"

 나는 무표정하게 문을 열었다. 보라는 그대로 상처를 마주하곤 화들짝 놀랐다. 눈을 가리고 보라가 말했다.

"야 나 그런 거 못 본단 말이야. 빨리 정리하고 나와. 선생님이 너 불러오래. 너 괜찮아?"

 나는 대답하지 않았다. 대답할 기운도 없었다. 그냥 힘없이 피를 닦고 옷을 내린 뒤 밖으로 걸어 나갔다. 운 흔적을 없앴다. 수업이 끝나자, 선생님께서 나를 불렀다.

"상처를 보라한테 보여줬다면서. 왜 그랬니. 여기서는 자해하는 것도 금지야. 널 해치는 건 절대로 허용되지 않아."

 냉정하게 생각하면 선생님 말씀이 틀린 말은 아니었다. 보라에게 상처를 보여주는 건 보라에게도 상처가 될 수 있는 행동이었다. 그런데 그런 선생님의 말씀을 들은 나는 그저 화만 났다. 무작정 하지 말라고만 하는 선생님의 말씀이 이해가 가지 않았다. 나는 살기 위해서 자해를 하는 것인데 선생님은 멈추라고 하시니 나에게 사형 선고를 내리는 것만 같았다. 답답했다. 그래도 선생님께 화를 낼 순 없었다. 나는 대답을 하고 나와서 멍하니 수업을 들으러 갔다. 친구들이 다 나만 쳐다보는 것 같았다. 나를 미친 사람으로 볼 것 같았다. 내가 이상한 사람이 된 것만 같았다.

 자해를 멈추지 않았다. 배구하다 손목을 삐었다는 핑계로 손목을 가릴 수 있는 손목 보호대를 차고 다녔다. 어느 날, 살이 조금 벌어진 정도의 상처가 생겼다. 나보다 두 살 많은 선배가 그걸 발견하곤 치료를 해 주었다. 선배가 무어라 말을 해 주신 듯한데 기억이 잘 나지 않았다. 나는 쭉 멍한 상태였다. 감각도 둔해지고, 기억도 흐려져서 살아가는 느낌이 나지 않았다. 그럴 때마다 자해했다. 그 일이 있고, 나는 교장 선생님께 불려가게 되었다. 교장 선생님께서는 반성문을 써오라고 하셨다. 그동안의 내 행동에 대해서 반성문을 쓰라고 하셔서 나는 잠깐 고민하다 대답하고 나왔다. 내 잘못이 무엇인지 당시의 나로서는 알 수 없었다. 나는 한참을 고민하다 A4용지 두 장에 빼곡하게 반성문인지 호소문인지 모를 무언가를 적어 내려가기 시작했다.

솔직히 말하자면 뭘 잘못했는지 모르겠습니다. 팔을 그은 게 잘못이라고 하시는데 저는 그거라도 하지 않으면 무엇을 어떻게 해야 하나요? 머리에서 울리는 죽으라는 말을 없애주실 수 있나요? 떨리는 손과 몸을 멈춰주실 수 있나요? 과거의 기억을 없애주실 수 있나요? 열등감은요? 우울과 불안과 무기력은요? 다들 저에게 '왜'냐고 물으시는데 이유 없이 눈뜰 때부터 기분 좋은 날이 있듯 이것도 마찬가지예요. 저도 이유 같은 건 몰라요. 정말로 아무 일도 없단 말이에요! 그렇지만 이유 모를 감정이 쌓이고 쌓이다 결국 넘친 게 제 팔인 거예요! 부모님한테 쓰러질 때까지 맞아보신 적 있으세요? 밤중에 부모님이 산길에 버려두고 차 타고 떠나버린 적은요? 차를 타고 바다로 가 동반자살 하려던 부모님은요? 겨울에 속옷만 입고 밤중에 마당에 몇 시간 서 있던 적은요? 그 위에 찬물을 끼얹어진 적은요? 저는 팔이라도 긋지 않으면 울 수가 없어요. 사실 이젠 팔을 그어도 울음은 조금밖에 나오지 않아요. 횡단보도 앞에서 다들 보통 무슨 생각을 해요? 높은 건물을 보면 무슨 생각을 해요? 긍정적인 생각은 어떻게 하는 건가요? 불안하지 않으려면 무엇을 해야 하죠? 자신을 어떻게 사랑할 수 있어요? 타인을 어떻게 믿을 수 있나요? 트라우마는 어떻게 이겨내죠? 이렇게 말하면 다들 '목숨은 소중해', '죽을 용기로 살아', '왜 그런 사람들을 신경 써?' 이러시는데 목숨 소중한 건 저도 알아요! 그걸 포기할 만큼 힘든 거라는 걸 왜 생각을 못 하는지 모르겠네. 그리고 용기 내서 죽는 게 아니라 그게 희망인 거예요. 왜 저에게 이유를 물어보세요? 위로 한마디면 짐을 추가하진 않는데 왜 그런 말을 하세요? 저는 학교를 곤란하게 만들어 죄송하다고 해야 하나요? 고3인 언니의 신경 쓰이게 해서 미안하다고 해야 하나요? 대체 이 일로 혼나는 이유가 뭐고 무엇을 반성해야 하죠? 우울하고 불안해서 죄송해요! 도대체 무슨 말을 원하세요? '학교가, 교장 선생님이 어떻게 해줬으면 좋겠어?'라고 하셨는데 무슨 선택지가 있죠? 선택지가 있더라도 선택권이 저에게 있나요? 좀 살아보겠다고 한 자해를 잘못됐다고 말하면 그냥 죽으라는 말로밖에 안 들려요! 무기력하고 우울하고 불안한데 학교는 가야하고, 집에 가도 쉴 곳이 없고, 조금 조용하다 싶으면 또 기억들이 몰려와요! 도대체 언제 쉴 수 있죠? 16년을 집에서 지낼 동안 긴장을 푼 적이 없는데 거길 벗어나도 마찬가지네요! 누군가에게 의지하면 그 사람이 어떤 방식으로든 피해를 받고 제 식대로 풀려고 하면 잘못됐다 하니 제 도피처가 죽음 말고 뭐가 있겠어요? 뇌는 생존을 위해 공포를 더 선명히 기억하고 그 기억을 바탕으로 또 다른 공포를 만들어내요. 일대일 대치 상황에서 제가 아무 말도 하지 못하는 이유에요. 속사정은 듣지 않고 그걸 고집이니 뭐니 다들 그런 식으로 치부해 버리더라고요. 반성하라고 하시면 원하는 답을 드리지 못해서 죄송해요. 하지만 다른 건 모르겠네요. 타인을 완벽히 이해할 수 있는 타인은 없어요. 제가 타인을 의지하지 못하고 신뢰하지 못하는 이유에요. 한없이 눈치를 보고 타인이 원하는 대로 하려는 건 과거의 잔해고요. 도대체 무엇을 원하시는지 저는 정말로 모르겠어요.

교장 선생님 앞에서 그걸 읽었다. 교장 선생님은 화를 내셨다. 나도 똑같이 화를 냈다. 울면서 감정에 북받쳐 화를 낸 건 처음인 것 같았다.

"내가 살려고 하는 거라고요. 안 그러면 가슴이 너무 아파서 거기에 잡아먹

힐 것 같다고요. 다른 데라도 아파야 가슴이 아픈 걸 조금이나마 잊을 수 있어서 하는 거예요. 제가 너무 힘들다고요. 무작정 하지 말라고 하지만 말고 나 좀 어떻게 해 달라고요. 나도 힘들어요!"

 나는 울면서 소리를 질러댔다. 선생님은 똑같이 소리를 지르다 나를 내쫓으려고 하셨다. 전학을 보내라는 교장 선생님의 말씀에 나는 그냥 자퇴 처리시켜달라고 선생님께 소리쳤다. 화가 났다. 나와 얘기를 침착하게 하려고 시도해 보시지 않고 자기 신념만 밀어붙이는 선생님이 너무 답답했다. 울분에 가득 찬 나는 결국 자리를 박차고 나갔다. 보호자를 모셔오라는 교장 선생님의 말씀에 센터 원장님께서 오셨고, 나를 진정시키고 집으로 데려가셨다. 마지막이 될 예술 고등학교의 모습이 아쉽지도 않았다.

# 추억

　시간이 갈수록 거울을 보기 힘들어졌다. 친구들이 만들어준 영상 편지 속 내 얼굴도 볼 수 없었다. 엄마는 항상 나를 '거지 공주'라고 불렀다. 그 말을 들을 때마다 나는 웃고 있었지만 속을 후벼 파는 느낌에 가슴이 아파왔다. 내가 기억하는 모든 추억 속의 나는 못생긴 아이였다. 엄마가 내게 예쁜 구석이라곤 치열밖에 없다고 말한 기억을 가지고 살아가면서 나는 내 얼굴을 똑바로 쳐다볼 수 없었다. 나를 내가 보지 못하자 나 자신이 어떻게 생겼는지조차 알 수 없었다. 그렇게 모든 기억 속의 나는 망가져 갔다.

　그런 엄마와 있었을 때, 진심으로 행복했던 기억이 딱 하나 있었다. 엄마와 장을 보러 마트에 갔을 때 내가 마시멜로가 든 코코아 가루를 엄마에게 사달라고 들고 갔을 때였다. 아마 중학교 2학년 때였던 것 같다. 그때, 엄마가 나에게 귀엽다며 머리를 쓰다듬어준 기억이 있다. 엄마가 나에게 귀엽다고 말하거나 머리를 쓰다듬는 일은 그때가 처음이었다. 나는 항상 엄마에게 못생기고, 뚱뚱하고 멍청한 사람이었기 때문에 그 칭찬이 가끔 귀에 맴돈다. 친구들이 엄마와 아빠의 추억을 이야기할 때 그때의 생각을 한다.

# 멍

결국 집 근처의 학교로 전학을 오게 되었다. 미술은 학원 다니며 꿈을 이어 나가기로 했다. 하지만 나에겐 힘이 없었다. 이어나갈 내면의 힘과 의지가 모두 사라져버린 상태로 하루하루를 살아나갈 뿐이었다.

미술학원은 늦은 지 오래였다. 이층침대에 앉아서 눈물만 뚝뚝 흘렸다. 학원을 가야 하지 않냐고 하시는 선생님의 말씀에 고개를 돌릴 힘도 없었던 나는 그저 울기만 했다. 슬펐는지 어땠는지도 알 수 없었다. 내가 왜 울었는지, 왜 멍하니 있었는지조차 알 수 없었다. 학원 선생님께 전화가 왔다. 받지 않았다. 다시 전화가 왔다. 받을 수 없었다. 내게 향할 질타가 무서웠다.

'사실 아무도 나를 비난하지 않는다는 걸 알고 있어.'

나는 멍하니 나갈 채비를 했다. 센터 선생님이 내게 물었다.

"학원가니?"

나는 내가 무슨 생각으로 움직이는지 잘 알 수 없었다.

'…'

"…네."

나는 멍하니 집을 나섰다. 아무 생각 없이 버스를 잡아탔다. 무의식적으로 예전에 아빠와 살던 집에 가는 버스에 올랐다. 그 아파트의 옥상 문이 열리는 것을 나는 알고 있었다. 그 버스에 앉아서 나는 무슨 생각을 했는지 나조차도 알 수 없었다. 버스에서 내리고 정신을 차려보니 예전에 살던 아파트 앞이었다. 아빠 차가 보이자 심장이 뛰었다. 나는 아파트 옥상을 올려다봤다. 다시 내 의지와 상관없이 아파트 옥상으로 향했다. 엘리베이터에서 멍하니 꼭대기 층을 누르고 쪼그려 앉아서 머리를 감싸 쥐었다. 나는 옥상 문을 열고 옥상의 바람을 맞았다. 난간 앞에 서서 아래를 내려다보며 생각했다.

'여기서 죽으면 아빠가 더 큰 충격을 받지 않을까. 내 고통을 알아주지 않을까.'

옥상으로 올라가자 때마침 비가 왔다. 보라에게 고마웠다는 문자를 남겼다. 보라에게 왜 그러냐고, 내가 미안하다고 문자가 왔다. 슬아에게는 사랑한다고 문자를 남겼다. 슬아에게 전화가 왔다. 모두 받지 않았다. 난간에 다리를 올렸다. 용기가 나지 않았다. 울음이 났다. 내려와서 비를 맞으며 오열했다. 한참을 우울한 노래를 틀어놓고 울었다. 슬아에게 괜찮다고 문자를 남겼다. 보라에게는 미안하다고 했다. 보라가 더 이상 못 해 먹겠다고 내게 말했다. 당황스러웠지만 그냥 그렇구나, 했다. 더 이상 관계를 잡을 힘도 무엇도 없었다. 모든 일이 일어나는 동안 내가 무슨 말을 했는지, 무슨 행동을 했는지도 알 수 없었다. 비가 그치고 옥상에서 노래를 조금 더 듣다가 내려왔다. 택시를 잡아탔다. 집으로 향하는 길에서 허무함을 느꼈다.

'언제나 나는 죽지 못하는구나.'

그런 허망함과 함께 안도감이 밀려왔다.

## 폭발

집에서 멍하니 천장만 보는 일이 늘어났다. 정말로 아무런 감정이 들지 않았다. 버스를 타는 게 무서웠다. 바깥에 나가는 게 무서웠다. 사람들과 대화하는 게 무서웠다. 사람들이 날 바라보는 게 무서웠다. 어느 날 밤, 나는 멍하니 조각도를 잡았다. 예술 고등학교를 다닐 때 쓰려고 사둔 조각도였다. 긋기 어려워서 막무가내로 세게 그었다. 살이 벌어졌다.

'이럴 줄 알았어. 사고 쳤네.'

생각보다 나는 무덤덤했다. 그냥 침착하게 휴지로 감싸고 선생님께 갔다.

"선생님, 병원 가야 할 것 같은데요."

선생님은 한숨을 쉬시더니 나를 응급실로 데려가셨다. 아무런 감정이 들지 않았다. 나를 보고 한숨 쉬는 선생님도, 지금 이 상황도 아무런 느낌이 들지 않았다. 응급실 벽에 머리를 기대고 멍하니 있었다.

'시간이 오래 걸리네.'

내 상처를 꿰매는 동안도 별생각이 들지 않았다. 마취 주사를 놓긴 했지만, 중학교 1학년 때 오빠가 휴대폰으로 찍은 내 머리보다 덜 아픈 듯했다. 실로 하나하나 꿰매지는 내 상처를 빤히 바라봤다.

'의외로 별거 아닌가. 아, 이거 위험한 생각인데.'

아무렇지 않게 내가 이런 생각을 한다는 것에 놀랐다. 여러 가지 설문조사를 하고 집으로 돌아갈 때가 되자 해가 뜨고 있었다. 그날은 학교에 가지 않았다. 하루종일 잠을 잤다.

'…'

며칠 지나지 않아, 상처가 아물 새도 없이 나는 조각도로 팔을 한 번 더 그었다. 피가 멈추지 않았다.

# 입원

응급실을 두 번 다녀온 나는 선생님 손에 이끌려 원래 다니던 정신과와 별개로 다른 정신과를 가게 되었다. 선생님의 눈치가 이상했다. 무언가 수상한 선생님의 말씀이 자꾸만 들려와서 나는 선생님께 말씀드렸다.

"저 입원 안 할 거예요."

선생님은 대충 "그래~"하고 대답하곤 병원으로 향했다. 병원에서도 자꾸만 낌새가 이상했다. 나는 슬아에게 급히 문자를 보냈다.

[나 입원할 수도 있을 것 같아.]

바깥으로 나가려고 하자, 앞에 서 계시는 분이 내 앞을 가로막았다. 나가려고 시도할 수 없었다. 자꾸만 내 앞을 가로막고 안에 있으라는 말에 불안함이 나를 덮쳤다.

"내보내 주세요. 사람을 왜 가둬요?"

아무리 말 해봐도 듣지 않았다. 나는 결국 병원 의자에 앉아서 휴대폰을 했다. 불안했다. 선생님을 찾았다.

"선생님 저 입원 안 할 거예요. 빨리 집에 가요."

선생님은 침묵했다.

불안했다. 무서웠다. 손이 떨리는 듯했다. 미칠 것 같았다. 갑자기 엘리베이터에서 남자 간호사 두 명이 내렸다. 선생님이 나에게 입원을 해야 한다고 가라고 말씀하셨다. 무서웠다. 입원하기 싫었다. 바깥에 있고 싶었다.

"안 갈래요. 안 가요. 가기 싫어요. 제가 안 할 거라고 말씀드렸잖아요."

내가 말했다. 그러자 앞에 있는 남자 간호사 두 명이 내게 가야 한다고 말했다.

"싫어요. 안 가요."

"안 가시면 강제로 데리고 갑니다."

나는 그 말을 듣고 도망가려고 했다. 그러자 간호사 두 명이 나를 붙잡고 나를 입원실로 끌고 갔다. 무서웠다. 나는 소리를 질렀다.

"싫어요!!! 싫다고요!!!! 싫어!!!! 가기 싫어요!!!! 놔 주세요!!!! 잘못했어요!!!! 싫어요!!!!"

그들은 아랑곳하지 않고 나를 끌고 갔다. 힘을 줘 봤지만 나는 속절없이 끌려갈 뿐이었다. 그들은 나를 침대가 하나 있는 방에 넣어두고는 안정제라는 주사를 나에게 놨다. 내 머리는 빠르게 돌아갔다. 내가 싫다고 말해봤자, 내 의견이 통하지 않는 곳에서는 내가 숙여야만 빠르게 편해질 수 있다는 것을 나는 이미 알고 있었다. 나는 빠른 속도로 침착해졌다.

"놔 주세요. 옷 갈아입을게요."

나는 옷을 환자복으로 갈아입고 진정했다. 나는 누구보다도 감정을 잘 숨길 수 있는 사람이었기에 빨리 나가려면 무엇을 해야 하는지 파악하기로 했다.

'저 사람들은 내가 무슨 일을 겪었는지 알까. 내가 왜 자해했는지 알까. 내가 왜 그렇게 강제하는 걸 무서워하는지는 알고 있을까. 들어볼 생각은 할까. 아, 무서워. 무섭다.'

# 닭장

입원실 안의 공기는 답답했다. 무언가 꽉 막힌 느낌이 있었다. 안으로 들어선 나는 주치의 상담부터 하게 됐다.

"휴대폰 돌려주세요."

주치의 선생님은 익숙한 듯 웃으며 말했다.

"생활을 잘하면 사용하게 해 드릴 거예요. 최소 2주 후예요. 휴대폰에 집착하실수록 더 드릴 수 없어요. 더 불편하신 점은 없나요?"

어이가 없었다. 내 물건을 몽땅 뺏어가 놓고 하는 말이 고작 저거라니 이해가 가지 않았다. 나는 참기로 했다. 선생님의 말에 따라 유추해 보면 내가 관련한 화제를 꺼낼수록 더 받기 어려워질 것이 분명했다.

"퇴원은 언제 하나요?"

주치의 선생님이 파일을 뒤적거리며 말했다.

"상태가 나아지시면요. 지금은 안 돼요. 아까 말했다시피 최소 2주는 걸려요. 그리고 그건 제가 판단합니다."

내 상태를 왜 다른 사람이 판단하는지 알 수 없었다. 내 동의도 없이 막무가내로 병원에 가둬놓고 상태가 좋아져야 보내준다니. 나는 화가 난 채로 상담을 마치고 멍하니 병실에 누워있었다. 상담 선생님께서 무언가 활동을 진행하고 계셨지만 참여하지 않았다. 틀린 그림 찾기나 숨은그림찾기 등 재미없어 보이는 것들뿐이었다.

며칠 후, 나는 재미없다고 생각했던 활동에 참여하게 되었다. 갑갑한 이 병실은 할 것이 아무것도 없었다. 그림을 그렸던 나는 연습장에 그림만 마구 그려댔지만, 그것도 한계가 있었다. 프로그램에 참여하면 간식도 주기 때문에 참여하는 게 지루하지도 않고 훨씬 나은 듯했다. 무엇보다도 누군가와 어울린다는 이유로 내 상태가 조금 더 나아졌다는 어필을 할 수 있지 않을까 생각했다.

너무 답답했다. 친구들과 떠드는 건 고사하고 그냥 넓은 공원을 걷고 싶었다. 병원에서 산책하려면 지정된 공간인 작은 공터만 빙글빙글 돌아야 했다. 닭장 속에 갇힌 기분이었다.

# 퇴원

조용한 생활을 했다. 퇴원하기만을 기다리며 병원에서 하는 활동들, 운동, 산책 모두 빠짐없이 참여했다. 밝아 보이는 모습만을 보였다. 엄마랑 같이 사는 기분이었다. 때를 참고 기다리자 휴대폰을 하루에 한 시간 사용할 수 있게 되었다. 나는 휴대폰을 받자마자 슬아에게 연락했다.

[슬아야, 걱정했지. 미안해. 입원해서 연락을 못 했어. 나 잘 있어.]

연락이 여러 개 와 있었다. 왜 갑자기 학교를 나오지 않느냐는 연락들이 대부분이었다. 친구들에게 안부 문자를 보내곤 휴대폰을 반납했다. 주치의 선생님과의 상담 시간이 되었다. 선생님의 질문에 나는 우울하지 않다고 말했다. 자해하고 싶은 생각도 들지 않는다고 말했다. 병원에서 참여하는 활동들이 재밌다고 말했다. 그렇게 말하며 나는 생각했다.

'재밌지 않아. 죽고 싶어. 우울해. 하지만 나가고 싶어.'

주치의 선생님께서 듣더니 퇴원 날짜를 잡는다고 말씀하셨다. 계획대로였다. 최소한 퇴원 날짜가 미뤄지진 않은 듯했다. 딱 한 달. 내가 병원에 있었던 기간은 딱 한 달이었다.

 병원을 나오고, 바깥 공기를 쐬자 나는 문득 그런 생각이 들었다.

 '다시는 자해하지 말아야지. 안 그러면 병원에 또 들어와야 할지도 몰라.'

 바깥의 자유가 너무도 소중하게 느껴졌다. 내가 누리고 있던 자유가 당연한 것이 아니었다는 걸 뒤늦게 깨달았다.

# 거절

1학년이 지나고 2학년이 되었을 때는, 갈수록 학교에 다니기 힘들었다. 학교는 고사하고 바깥에 나가는 것조차 힘들어져서 센터 방 안 침대에서 나오지 않는 일이 잦아졌다. 가끔 학교 가도 조퇴를 하거나, 수업 시간에 잠만 자기 일쑤였다. 팔을 긋는 걸 멈추지 않았다. 지친 나는 학교에 가서 엎드려 우는 일도 자주 있었다.

선생님께 가서 여느 때처럼 꾀병을 부리고 조퇴증을 받아 갈 생각이었다. 그런데 선생님 앞에 서자 입을 뗄 용기가 나지 않았다. 그냥 그날따라 입이 떨어지지 않았다. 너무 힘들어서 아무것도 할 힘이 들지 않았다. 나는 선생님 앞에 서서 눈물을 뚝뚝 흘리기 시작했다. 선생님은 당황한 듯 보였다.

"혜인아, 무슨 일 있니? 말 좀 해봐. 괜찮아?"

"…"

입이 떨어지지 않았다. 머리가 아픈 건 둘째치고 마음이 너무 힘들었다. 지쳐있었다. 선생님은 나를 위클래스로 데려갔다. 나는 걸을 힘조차 없었다. 위클래스에 앉아서 선생님 말씀을 멍하니 들었다. 기숙사형으로 된 위센터가 있다는 모양이었다. 귀에 들어오지 않았다. 담임선생님은 내게 그곳을 추천하는 듯했다.

"혜인아, 가보는 게 어때? 면접만 보고와도 되니까 일단 가보자."

나는 계속 거절하다 선생님의 말씀에 못 이겨 결국 면접을 보러 가기로 했다.

고양이가 많았다. 주기적으로 돌봐주는 언니가 있다는 듯했다.

"귀여워…"

내가 말하자 선생님이 나를 보고 웃었다.

"혜인이가 뭘 이렇게 좋아하는 건 처음 보는 것 같네."

나는 멋쩍게 웃으며 면접을 보러 들어갔다. 일명 가정형 위센터의 선생님들은 따뜻하게 웃으며 나를 맞아주셨다. 규칙을 설명해주시고, 수업 내용을 설명해주시는 동안 나는 생각했다.

'어차피 안 올 건데…'

개별 면접 시간에도 나는 선생님께 말씀드렸다.

"정말 죄송하지만 제가 오고 싶어서 온 게 아니라 선생님이 권유해서 온 건데요… 원하지 않으면 들어오지 않아도 되나요?"

선생님은 흔쾌히 내 의사가 가장 중요하다고 말씀해주셨다. 내가 원하지 않으면 들어오지 않아도 괜찮다며 말씀해주시고, 잘 지내라며 나를 배웅해주셨다. 나를 안았다가 스킨십을 싫어할 수도 있다며 빠르게 떨어지는 선생님이나, 딱딱하지 않고 부드러운 말투로 면접을 보는 선생님들을 통해서 좋은 곳이란 걸 느낄 수 있었지만 나는 더 이상 공동체 생활을 하고 싶지 않았다. 나는 어딘가에 속하기엔 너무 지쳐있었다. 입원하기 직전에 일어난 일이었다.

## 숨이 트이는 길

"저 위센터 면접 다시 보러 가도 될까요?"

퇴원 후, 나는 학교에 더 있기 힘들었다. 차라리 기숙사로 된 위센터를 들어가서 출석할 수밖에 없는 환경을 만들기로 했다. 어차피 망한 인생, 공부도 하지 않을 거 그냥 기숙사에 들어가서 출석만 하고 지낼 생각이었다. 선생님은 기뻐하셨다.

"그래, 잘 생각했어. 들어가면 너도 마음에 들어 할 거야."

면접을 보러 가니 그때의 친절한 선생님들이 잘 왔다며 나를 반겨주셨다. 나는 멋쩍게 웃으며 인사를 드렸다. 면접을 보고 돌아가는 길에 괜히 오려고 했나 생각도 했지만 무를 수 없었다.

입교 후의 기숙사 생활은 처음엔 너무도 힘들었다. 그냥 낯선 환경이 힘들었고, 내게 맞지 않는 수업들이 참 많았다. 국어나 수학처럼 정규 수업을 듣지 않아도 된다는 점은 참 좋았지만 왜 들어야 하는지 가끔은 이해할 수 없는 수업들도 있었다. 특히 미술 수업을 들을 때마다 배웠던 사람으로서 더 잘해야 한다는 강박에 휩싸여 쉽사리 손을 움직이지 못하기도 했다. 그중 연극 수업은 더욱 알 수 없었다. 몸을 움직이고 내가 직접 해야 하는 수업이어서 더욱 힘들었다. 나는 수업에 잘 참여하지 않았다. 웃으면서 못하겠다고 하고 빠지거나, 대답하지 않는 일이 잦았다.

 적응할 수 있도록 도와준 건 선생님들이었다. 내가 위센터를 편하다고 느낀 건 내 행동을 하나하나 통제하지 않는다는 면에서도 그렇지만, 내 이야기나 상처에 대해서 편견 없이, 놀라지 않고 들어준다는 점에서 점점 편하게 느꼈다. 완전히는 아니었지만, 어느 정도 마음을 열고 위센터 생활을 했다. 벌써 한 학기가 끝나가고 있었다.

 '연장하는 게 낫겠지.'

위센터는 한 학기에 한 번씩 연장하거나 학교로 복귀를 하는 것 중에서 선택할 수 있었다. 집에 가고 싶다거나 잠깐만 있다가 조금 괜찮아지면 학교로 돌아갈 생각만 했던 나는 어느새 이곳을 편하게 느끼고 있었다. 그냥 편하니까 연장을 선택한 나는 고등학교 3학년이 되는 내년엔 학교가 아닌 위센터에서 공부도 하고 입시 미술도 하면서 조금은 열심히 살아볼 생각을 했다. 다시, 우울해서 놓쳤던 것들을 붙잡아볼 의지가 생겼다.

# 예전의 나

위센터 수업시간에 '나' 그리기를 하게 됐다. 그림에 한참 손을 댈 수 없었다. 형태도, 모양도 자유롭게 '나'를 그리는 이 활동은 초상화를 그리는 게 아니었다. 나는 한참을 고민했다. 떠오르는 게 엄마에게 맞고 쓰러진 나를 그렸던 내 예전의 그림밖에 없었다. 이곳이라면 무엇을 그려도 괜찮을 것 같았다. 다른 사람들도 자유로운 형태로 자신을 그리고 있었다. 나는 다짐을 하고 크레파스를 잡았다. 마치 안개처럼 흐리고, 무언가가 마구 엉킨 듯 보이는 머리. 무릎을 꿇고 허벅지에 멍이 든 모습. 오른팔에 붉은 점이 찍힌 모양. 옛날의 나를 그렸다. 가슴엔 창이 꽂혀 뻥 뚫려 있었다. 그림을 완성하고 생각했다.

'지금의 나는 여기에 멈춰 있나?'

그래도 조금은, 아주 조금은 벗어나지 않았을까 생각해봤다. 또 다른 나를 그리고 싶었다.

눈, 코, 입이 없지만 동그란 얼굴을 그렸다. 팔에는 흉터, 가슴에 작은 동그라미를 그렸다. 그리고 흉터들을 점토로 덮었다. 팔을 벌린 포즈였다.

'나는…. 나를 찾아가는 중이야. 상처는 사라지지 않을 거야. 하지만 누군가 그걸 덮어줄 순 있겠지. 여기 있는 사람들이 그래. 여기서 내가 좋아지는 걸 느껴. 그리고 그런 사람들을 나는 안아주고 싶었어.'

나는 그렇게 두 장의 그림을 완성했다. 친구들과 내 이야기를 나누며 많이 울었다. 기억하고 싶지 않은 기억이었지만 잊히지 않았다. 그래도 변한 나를 보며 희망을 품었다.

'괜찮아. 이제 괜찮을 거야.'

더 이상 과거에 매여 있지 않으리라 다짐하며 눈물을 닦아냈다.

# 오색찬란

 어느 순간부터 나는 화를 내지 않았다. 불편한 상황에도 항상 웃거나 웃음을 통해 상황을 좋게 끝내려는 버릇이 있었다. 그 버릇은 내 감정을 억눌렀다. 하고 싶은 말이나 감정 표현을 하지 못하자 타인에게 남은 감정이 내 속에 남아서 불편함을 남겼다. 나는 그것에 대해 알고 있었다. 하지만 나는 화를 낼 수 없었다. 평생 화를 참고 산 내 기억 중 딱 한 번 크게 소리 지르며 화낸 적이 있다. 집에 난 스크래치를 문제 삼아 또 나를 때리려고 한 엄마에게 말했다.

 "난 정말 아니에요. 내가 왜 그런 짓을 해요? 하늘에 맹세코 아니에요."

 집이 떠나가라 소리를 지르며 서툴게 처음 화를 내본 그 날, 엄마는 어딜 화를 내냐며 나를 더 심하게 때렸다. 나는 그날 이후로 화는 물론, 감정 표현을 잘 하지 않게 되었다.

 위센터에서는 불편한 일이 많이 생겼다. 그런 상황에서도 웃고 넘기는 내게 선생님은 '요즘 내 내면의 고민거리'에 대해서 수업을 해 주셨다. 나는 한참을 고민하다가 나를 웃고 싶지 않아도 웃게 만들고, 불편해도 참게 만드는 캐릭터를 그려냈다. 참을 인을 써서 '인'이라고 이름 지었다. 나는 막상 이 캐릭터를 마주하니 당혹스러웠다. 나는 나의 감정을 참아가며 살고 싶지 않았다. 선생님은 그렇다면 내가 반대로 살아간다면 어떤 모습일지 그려보라고 하셨다. 나는 사실 잘 상상이 가지 않았다. 감정을 솔직하게 표현해내는 내 모습이 잘 상상이 가지 않았다. 하지만 왠지 시원한 느낌일 것이라고 생각했다. 나는 얼굴 표정 다섯 개를 그리고 '오색이'라고 이름 지었다. 나는 나를 표현하고 싶었다. 내가 화날 때 화내고 싶었고, 기쁠 때 웃고 싶었다. 사실은 부모님한테 대들고 싶었다는 것도 알았고, 부모님께 화내보고 싶었다는 것도 알았다. 이제는 엄마 앞에 있는 것처럼 감정을 숨기고 싶지 않았다. 이렇게 그림을 그린 것만으로도 내가 한 단계 성장한 느낌이 들었다. 나는 앞으로 오색찬란한 감정을 갖고 살아가리라 다짐했다.

# 결심

나는 미술학원을 그만뒀다. 학원에 갈 때마다 불안하고 손이 떨리고 심장이 빠르게 뛰었기 때문이었다. 학원을 그만둔 나는 더 이상 그림을 그리지 않았다. 그림은 좋았지만 그림을 못 그리는 내가 싫었다.

'내가 그림 외에 하고 싶은 게 있을까. 딱히 없을 것 같아. 국어 선생님? 한다면 선생님을 하고 싶어. 아니면 심리학을 전공하거나 상담 선생님도 괜찮고…'

고민이 됐다. 유치원 때부터 꿈을 화가로 써서 제출했던 내가 그림이 없으니 나라는 사람이 반 이상은 사라진 기분이었다. 위센터 선생님과의 진로 상담 시간에, 선생님이 물으셨다.

"혜인아, 네가 하고 싶은 걸 하나씩 적어보자. 많아도 돼. 뭐가 되고 싶니?"

나는 잠시 고민에 빠졌다가 하나씩 말하며 노트북에 적어 내려가기 시작했다.

"저는… 여기 가정형위센터 선생님이 돼서 여기에 다시 오고 싶어요. 심리학을 전공해서 임상심리사도 해보고 싶고, 학교 상담 선생님이 되어 보고도 싶어요. 그리고 언젠가는 국어 선생님이 되고 싶다고도 생각했던 것 같아요."

선생님은 웃으며 내 꿈을 찬찬히 들어주셨다.

"또…저는 작가가 되고 싶었어요. 제 글을 통해 누군가가 좋은 방향으로 바뀌었으면 좋겠다는 바람이 있어요. 그렇게 누군가를 돕고 싶어요."

선생님이 내 말을 지긋이 듣다가 말씀하셨다.

"정확히 누구를 돕고 싶어?"

나는 멈칫했다. 내가 돕고 싶은 사람이 누구인지 생각해본 적은 없었다. 하지만 알고 있었다. 눈물이 났다. 나는 천천히 입을 뗐다.

"…가정폭력 피해자를 돕고 싶어요. 그들을 위한 책을 쓸래요."

# ·에필로그·

'세상' 하면 떠오르는 형용사를 '매정함'이라고 말했다. 어린 나에게 너무도 매정했던 세상은 그저 밉게만 느껴졌었다. 하지만 아이러니하게도 여태껏 내가 살아온 동력을 생각해보니 그건 세상의 따뜻함이었다. 나의 뿌리는 그랬다.

나는 수능을 무사히 마치고 글을 쓰는 열아홉 살 청소년이다. 본래의 이름도, 생일도 모른다. 돌아갈 곳을 끝없이 찾아다녔지만 이젠 홀로서기를 해야 하는 나이가 되어버렸다. 나를 찾는 이 과정이 결코 순탄하진 않겠지만, 세상의 따뜻함을 등에 업고 가려고 한다. 또한 내가 누군가의 따뜻함이 되어줄 수 있기를 바란다. 그렇게 도움받은 것처럼 도울 수 있는 사람이 되기를 바라면서 이 책을 마친다.

## 숨지 않아야 트이는 길
열아홉살 소녀의 아동학대 극복기

초판 1쇄  2023년 2월 7일

지은이  새인

펴낸곳  이분의일
주  소  경기도 과천시 별양상가2로 14, 219호
전  화  02-3679-5802
이메일  onehalf@1half.kr
홈페이지  www.1half.kr
출판등록 제 2020-00015호

ⓒ새인, 2023
ISBN 979-11-92331-41-6(03810)


이 책에 실린 글과 이미지의 무단복제를 금합니다.
이 책 내용의 전부 또는 일부를 재사용하려면 반드시 출판사와 저자의 동의를 받아야 합니다